Cahier d'Enseignement moral et civique

CITOYENS AUJOURD'HUI !

5e

Édition 2021

Conforme aux repères annuels de progression

W0266300

Nom : ....

Prénom : ....

Classe : ....

Sous la direction de
Anne-Marie Hazard-Tourillon

Par
Anne-Marie Hazard-Tourillon
Agrégée d'histoire
Inspectrice d'académie honoraire d'histoire-géographie-EMC

Céline Dhers
Professeure certifiée d'histoire-géographie
Collège Louis-Blanc, Saint-Maur-des-Fossés (94)

Caroline Normand
Professeure certifiée d'histoire-géographie
Collège Louis-Issaurat, Créteil (94)

Fabienne Vadrot
Agrégée d'histoire-géographie
Collège Pierre-de-Ronsard, Saint-Maur-des-Fossés (94)

Éric Zdobych
Agrégé d'histoire-géographie
Lycée Eugène-Hénaff, Bagnolet (93)

OBJECTIFS DE DÉVELOPPEMENT DURABLE

Édition conforme au renforcement des enseignements relatifs à la biodiversité, au changement climatique et au développement durable

Nathan

PROGRAMME D'ENSEIGNEMENT MORAL ET CIVIQUE CYCLE 4

B.O. spécial n° 31 du 30 juillet 2020 et repères annuels de progression (B.O. n° 22 du 29 mai 2019)

- Les aménagements du programme de 2020 intègrent **l'éducation au développement durable.**
- Le programme de 2020 et les repères annuels de progression inscrivent explicitement l'Enseignement moral et civique dans trois **finalités intimement liées** entre elles. Voici comment elles sont mises en œuvre dans ce cahier :

Le respect d'autrui | Acquérir et partager les valeurs de la République | Construire une culture civique

PARTIE 1	**Connaissances et compétences**	**Objets d'enseignement**
Chapitre 1	• Respect d'autrui ; identifier les composantes de l'identité. • Valeurs de la République. • Lien entre engagement et responsabilité.	• Droits et devoirs ; identité personnelle, légale, numérique ; harcèlement et témoin. • Respect, égalité, solidarité, dignité. • Engagement solidaire.
Chapitre 2	• Construire le respect de soi ; sentiments moraux. • Dimensions de l'égalité. • Sens de l'engagement.	• Addictions et mise en danger face ou dans un groupe ; harcèlement en situation scolaire. • Égalité et non-discrimination (Internet et réseaux sociaux). • Engagement individuel et collectif dans l'établissement.
PARTIE 2	**Connaissances et compétences**	**Objets d'enseignement**
Chapitre 3	• Respect de l'autre et respect des différences ; distinction inégalité-discrimination ; mécanismes de l'exclusion. • Valeurs de la République : égalité, fraternité, solidarité, liberté, laïcité. • Sens de la responsabilité dans une société.	• Autrui : égal à soi en dignité. • Droits et libertés dans la Constitution de la Ve République. • Engagement social, associatif, engagement-acte individuel et collectif. • Journée nationale de la laïcité.
Chapitre 4	• Respect et liberté d'autrui ; formes de discrimination. • Valeurs et principes de la République. • Engagement collectif et intérêt général.	• Racisme, antisémitisme, sexisme, homophobie… ; rôle du Défenseur des droits. • Égalité et non-discrimination ; Déclaration des droits de l'homme et du citoyen (1789). • Semaine d'éducation et d'actions contre le racisme et l'antisémitisme.
PARTIE 3	**Connaissances et compétences**	**Objets d'enseignement**
Chapitre 5	• Expliquer ses actes et prendre conscience de sa responsabilité ; rôle de la loi. • Sentiment d'appartenance civique ; l'État. • Organisation de la sécurité ; menaces sur la liberté.	• Responsabilité individuelle et légale. • Défense, police, sentiment d'appartenance à l'État. • Sécurité des personnes et des biens ; responsabilités individuelles et collectives face aux risques majeurs.
Chapitre 6	• Droits et devoirs de l'individu ; éthique personnelle et responsabilité ; rôle de la loi. • Expression du citoyen ; appartenance civique. • Engagements du citoyen.	• Exprimer des sentiments moraux. • Sentiment d'appartenance au destin commun de l'humanité. • Responsabilité du citoyen consommateur.
Semaine de la presse et des médias	• Droits et devoirs du citoyen. • Libertés fondamentales. • Engagement et responsabilité.	• Loi et liberté. • Liberté de la presse et liberté d'expression. • Rôle des médias, des réseaux dans l'information.

➔ Les programmes en version intégrale sont disponibles sur :
collegien.nathan.fr/emc-5e-2021

© Nathan 2021. 92, avenue de France, 75013 Paris. ISBN : 978 209 172544 4

MÉTHODE

Exprimer ses émotions dans une discussion morale et civique

Une émotion est un état bref et intense qui aide à comprendre si la situation que l'on vit ou que l'on observe est agréable ou désagréable. Dire ses émotions et reconnaître celles des autres déclenchent la discussion. Chacun argumente et s'engage à agir, au nom de valeurs morales et civiques, pour bien vivre ensemble.

1 Le respect, qu'est-ce que ça veut dire ?

Léa arrive en classe énervée après avoir été bousculée par un garçon dans les couloirs.

Léa : – Vous, les garçons, vous vous conduisez de manière brutale sans faire attention aux autres.

Raf : – On ne craint pas la bagarre, alors que vous, les filles, [...] toujours à vous plaindre et à pleurnicher. [...]

Zoé : – Nous, on est surtout gentilles. [...]

Raf : – Un garçon, c'est plus fort. [...]

Zoé : – [...] C'est normal vous jouez à la guerre et à la bagarre. [...]

Téo : – Moi, je connais des garçons qui n'aiment pas se bagarrer. [...]

Raf : – Ça crée des problèmes parce qu'on est différents ! [...]

Teo : – On peut être différents et avoir les mêmes droits ?

Léa : – C'est parce qu'on est différents que l'on revendique les mêmes droits que les autres, les mêmes droits pour tous.

Michel Tozzi, *La Morale, ça se discute*, Éditions Albin Michel, 2014.

Retrouvez l'intégralité des documents p. 6-7.

2 La roue des émotions

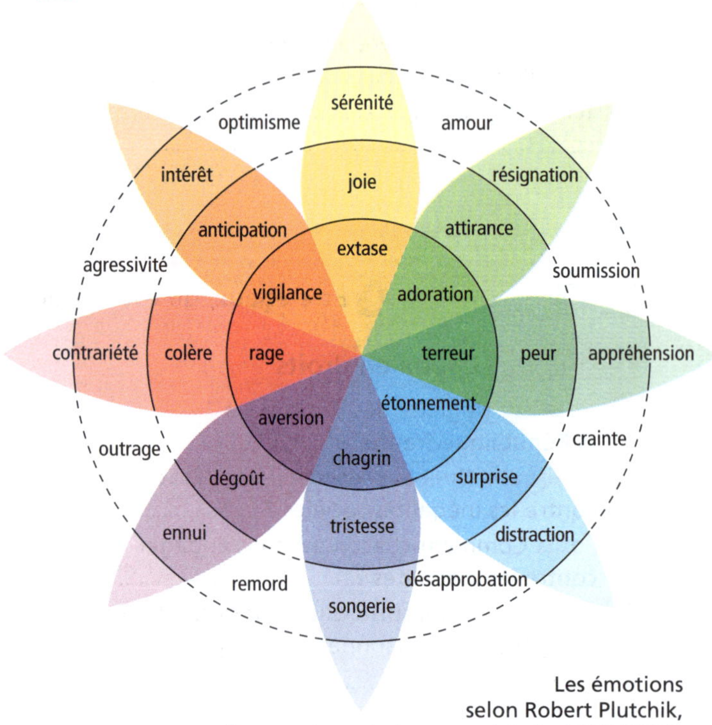

Les émotions selon Robert Plutchik, professeur et psychologue américain (1927-2006).

Fiche Méthode

A Réagir à la situation avec ses émotions

1. Identifier et exprimer ses émotions.
2. Discuter pour comprendre ses émotions et celles des autres.

B Réfléchir ensemble autour du mot-clé de la situation

3. Associer au mot-clé des mots qui le définissent, et des mots qui disent son contraire.

C Discuter pour exprimer son jugement moral

4. Échanger des arguments qui critiquent la situation.
5. Argumenter en prenant appui sur des valeurs morales et civiques : respect, dignité, égalité, fraternité, liberté, justice...

D Agir contre la situation proposée

6. S'engager à agir pour bien vivre ensemble.

Mise en situation

A Réagir à la situation avec ses émotions

1. Nos émotions face aux comportements de ces collégiens : négatives ? positives ?
2. Pourquoi réagissons-nous ainsi ?

B Réfléchir ensemble autour du mot-clé de la situation

3. Le respect, c'est quoi pour moi et pour nous ? À notre avis, qu'est-ce que ça ne peut pas être ?

C Discuter pour exprimer son jugement moral

4. De mon point de vue, se respecter au collège et dans la vie quotidienne, est-ce adopter les comportements de ces collégiens ?
5. Je compare le point de vue des autres élèves au mien : me fait-il changer d'avis ?

D Agir contre la situation proposée

6. Nous réalisons des cartes mentales sur le thème du respect et nous les affichons au CDI.

Participer à un débat en classe

Débattre est le moyen, pour chacun, d'exprimer sa pensée et de se confronter à ce que pensent les autres. Mais les points de vue n'ont pas tous la même valeur. Participer au débat nécessite une attitude responsable de respect mutuel. L'intérêt général doit l'emporter sur l'intérêt particulier.

1 Passons-nous trop de temps sur les écrans ?

Le 20 mars 2017, les élèves de l'école Aalberg de Sainte-Marie-aux-Mines (Haut-Rhin) participent à la conférence interactive animée par l'astronaute Thomas Pesquet depuis la Station spatiale internationale (SSI). Elle a été suivie par plus de 250 000 élèves (10 000 établissements scolaires), du cours préparatoire à la 3e.

➔ Retrouvez l'intégralité des documents p. 18-19.

Fiche Méthode

A Analyser le thème du débat

1. Formuler avec ses propres mots la question du débat.
2. Prendre connaissances des documents : lien avec le thème du débat ; arguments à déduire des informations relevées.

B Participer au débat en classe

3. Prendre la parole, présenter ses arguments avec clarté, les justifier au nom de valeurs (respect, responsabilité, dignité...).
4. Écouter les arguments des autres et y répondre avec respect.

C Retenir l'essentiel du débat

5. Retenir les arguments qui correspondent à des attitudes responsables.
6. Faire le point sur l'évolution de son point de vue entre le début et la fin du débat.

Mise en situation

A Analyser le thème du débat

1. Qu'est-ce que je ressens face à l'usage des écrans par les adolescents et les collégiens ?
2. Quel est mon point de vue sur ce thème, en tant qu'utilisateur d'écrans ?

B Participer au débat en classe

3. Je me mets à la place des différentes personnes concernées par l'usage des écrans (les jeunes, le médecin, Thomas Pesquet...).
4. J'exprime mon point de vue (ex : aspects négatifs et positifs de l'usage des écrans). J'écoute et je respecte le point de vue des autres.

C Retenir l'essentiel du débat

5. Je distingue les arguments recevables (ex : s'instruire grâce aux écrans) et ceux qui ne le sont pas (ex : sur les écrans, se sentir libre).
6. J'explique pourquoi j'ai, ou non, modifié mon point de vue entre le début et la fin du débat.

ON EN DISCUTE

1 Le respect, qu'est-ce que ça veut dire ?

Pour commencer

Léa arrive en classe énervée après avoir été bousculée par un garçon dans les couloirs.

Léa : – Vous, les garçons, vous vous conduisez de manière brutale sans faire attention aux autres.
Raf : –On ne craint pas la bagarre, alors que vous, les filles, [...] toujours à vous plaindre et à pleurnicher. [...]
Zoé : – Nous, on est surtout gentilles. [...]
Raf : – Un garçon, c'est plus fort. [...]
Zoé : – [...] C'est normal, vous jouez à la guerre et à la bagarre [...]. Pourtant, moi, je connais des garçons gentils.
Léa : – Et moi, des filles fortes en sport. Il y en a même qui se bagarrent.
Raf : – C'est pas des vraies filles !
Téo : – Moi, je connais des garçons qui n'aiment pas se bagarrer. [...]
Raf : – Ça crée des problèmes parce qu'on est différents ! [...]
Téo : – On peut être différents et avoir les mêmes droits ?
Léa : – C'est parce qu'on est différents que l'on revendique les mêmes droits que les autres, les mêmes droits pour tous.

Michel Tozzi, *La Morale, ça se discute*, Éditions Albin Michel, 2014.

1 NOS PREMIÈRES RÉACTIONS

Nos émotions face à cette situation.

Mes émotions

....
....
....
....
....
....

Les émotions des autres

....
....
....
....
....
....

Coup de pouce
• Aidez-vous de la roue des émotions p. 4

Nous dialoguons pour dire pourquoi nous ressentons ces émotions.

→ Je rédige quelques phrases qui expliquent les émotions que nous avons ressenties.

....
....

Nous discutons à deux, en groupes ou en classe entière.

→ Nous réfléchissons autour du mot « **respect** ». Qu'est-ce qu'il veut dire pour nous ?

....
....

Coup de pouce
• Je réfléchis à ce qu'est le respect envers les autres dans mon collège, dans ma famille, avec mes ami(e)s...

Compétences
- Identifier et exprimer ses émotions.
- Exprimer son opinion et respecter l'opinion des autres.

2 NOS ARGUMENTS

« Le respect, qu'est-ce que ça veut dire ? »

1. à l'oral **Le respect, est-ce l'attitude de Léa, Raf, Zoé et Téo ?**

→ Léa, Raf, Zoé et Téo sont-ils respectueux les uns envers les autres ? ❑ Oui ❑ Non

→ Doivent-ils respecter celui/celle qui ne les a pas respectés ? ❑ Oui ❑ Non

→ Le respect, est-ce l'obligation pour les filles de respecter les garçons ou l'obligation pour les garçons de respecter les filles ? ❑ Oui ❑ Non

2. Selon moi, comment se respecter au collège et dans la vie en dehors du collège ?

....

....

....

Coup de pouce
- Je réponds de manière **argumentée** aux questions posées.
- J'utilise les mots **respect, loi du plus fort, dignité, différence, égalité, inégalité**…

Bilan de la discussion

Je réalise une carte mentale pour expliquer ce qu'est le respect.

Respect

Coup de pouce
- J'illustre le respect dans différentes situations : au collège, à la maison, au sport, dans la rue, avec mes ami(e)s…

Interview de Florence Renner, agrégée de Lettres et spécialiste de l'éducation

→ Que m'apprend cette interview ?

Auto-évaluation

J'ai su m'intégrer dans la discussion et j'ai enrichi ma réflexion.

❑ ❑ ❑

J'enquête 2 Pour chacun, une identité personnelle et une identité légale

Que dois-je faire ? **Au collège, vous remarquez que vous et vos camarades, bien qu'ayant des vies différentes, vous avez tous un nom, une famille… Lors d'une séance de vie de classe, vous découvrez les différentes facettes de l'identité des personnes.**

1 Fabien Marsaud, alias Grand Corps Malade

- Il naît le 31 juillet 1977 au Grand-Mesnil (Seine-Saint-Denis).
- Il grandit à Saint-Denis (Seine-Saint-Denis).
- Le sport est sa passion, et il veut devenir prof de sport.
- À 20 ans, il a un grave accident dont il garde des séquelles physiques.
- 2003 : il découvre le slam et en fait son métier. Il prend le nom de scène de Grand Corps Malade.
- 2012 : il raconte sa vie dans son livre *Patients* : « Ne jamais abandonner ! »
- Il est slameur, poète, auteur-compositeur, réalisateur…
- Il anime des ateliers de slam dans les écoles, auprès de chômeurs, de personnes âgées.
- Il est le parrain de l'association « Sourire à la vie » qui s'engage auprès d'enfants atteints d'un cancer.

Vocabulaire

- **Identité légale** : identité officielle d'une personne protégée par l'État.
- **Identité personnelle** : ensemble des caractéristiques qui distinguent un individu d'un autre, et qui peuvent évoluer au cours de sa vie.
- **Nationalité** : toute personne a une nationalité à la naissance, qui la rattache officiellement à un État.

2 Entretien avec Grand Corps Malade

La magie du slam, c'est faire des rimes, jouer avec les mots. Tout le monde en est capable. À l'école, dans mes ateliers, quand on aborde la poésie par le slam, on découvre des gamins qu'on n'entend jamais en classe, déclamant un texte. On s'écoute, on échange ses textes. Ça valorise. […]

J'ai grandi à Saint-Denis, dans un milieu riche de différentes cultures. J'y ai construit mes valeurs de fraternité, de solidarité. J'y crois plus que jamais.

S. Zappi, « Entretien avec Grand Corps Malade, slameur », *Mouvements*, vol. 57, 2009, p. 67-70.

QUESTIONS

1 **Doc 1.** Je recherche et j'inscris les éléments de l'identité légale de Grand Corps Malade.

2 **Doc 1 et 2.** Je souligne les éléments qui correspondent à l'identité personnelle de Grand Corps Malade.

Nom : ……………………………………………

Prénom(s) : ……………………………………………

Sexe : ……………………………………………

Né(e) le : ……………………………………………

À : ……………………………………………

Taille : 1,94 m

Compétences
- Je m'informe de manière rigoureuse.
- J'accepte les différences.

3 Les documents officiels de l'identité légale

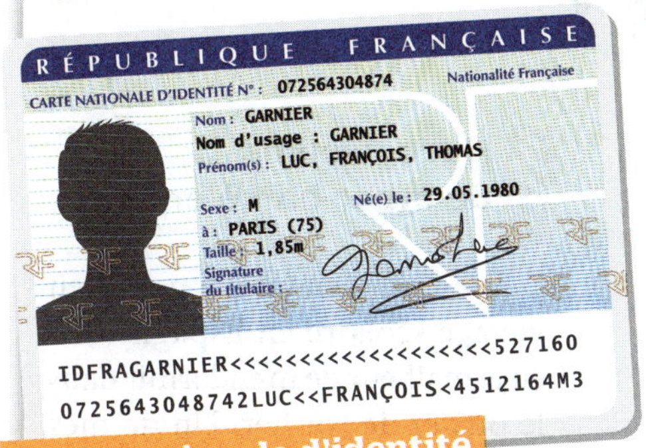

Carte nationale d'identité

➜ délivrée à la mairie.

➜ exigée pour passer un examen, voter, circuler à l'intérieur de l'Union européenne.

Passeport

➜ délivré à la mairie.

➜ permet à une personne de nationalité française de voyager hors de l'Union européenne.

Livret de famille

➜ remis par l'officier d'état civil, soit lors du mariage, soit lors de la naissance du premier enfant.

➜ indique la filiation (lien de parenté qui unit un enfant à ses parents).

4 Ce que dit la loi

Art. 7 – L'enfant est enregistré aussitôt sa naissance et a dès celle-ci le droit à un nom, le droit d'acquérir une nationalité et, dans la mesure du possible, le droit de connaître ses parents et d'être élevé par eux.

Convention internationale des droits de l'enfant, 1989.

Art. 55 – Les déclarations de naissance sont faites dans les cinq jours de l'accouchement, à l'officier de l'état civil du lieu.

Code civil.

QUESTIONS

3 **Doc 3 et 4.** Je souligne les mots qui définissent l'identité légale de chacun de nous.

4 **Doc 3 et 4.** J'explique pourquoi il est nécessaire de disposer de documents officiels de notre identité.

....

....

....

....

Ce que j'ai appris

Je complète les cartes ci-dessous en y inscrivant les éléments qui correspondent à mon identité légale et à mon identité personnelle.

Je colle ma photo ici.

MON IDENTITÉ LÉGALE
- **Mon nom :** ....
  ....
- ....
  ....
- ....

MON IDENTITÉ PERSONNELLE
- **Mon lieu de vie :** ....
  ....
- ....
  ....
- ....

Auto-évaluation

J'ai compris la différence entre l'identité légale et l'identité personnelle.

☐ ☐ ☐

Débattre 3 L'usage d'Internet et des réseaux sociaux est-il dangereux ?

1 Quelles attitudes adopter sur les réseaux sociaux ?

hoptoys.fr, solutions pour une société inclusive, 2017.

2 Hugo, victime de cyber-harcèlement

En 4e, ma classe est partie en voyage scolaire en Espagne. J'ai eu le malheur de m'endormir dans le bus et de ronfler. Un de mes « camarades » […] m'a filmé sur son portable. Et dès notre retour en France, il a partagé la vidéo sur les réseaux sociaux. […] J'ai ressenti un sentiment d'humiliation […].

Après […] j'ai eu le droit à de nouvelles railleries. Le cours de sport était l'occasion rêvée pour mes détracteurs […]. Ils me filmaient à mon insu en train de peiner à courir, en raison de mon surpoids. Ou en train de recevoir un ballon en pleine tête au foot. […] Ils s'envoyaient ensuite leurs clichés et leurs vidéos sur Messenger, sans oublier de me mettre dans la boucle.

[…] Pas un [camarade] ne m'a défendu, car ils craignaient trop les représailles. Les harceleurs étaient deux ou trois leaders, les autres suivaient le mouvement.

D. Bancaud, *20 Minutes*, 13 mai 2019.

Vocabulaire

- **Identité numérique** : ensemble des traces numériques qu'une personne laisse sur Internet, qui correspondent à son identité personnelle et à son identité légale.
- **Cyberharcèlement** : acte en ligne (téléphone portable, chats, réseaux sociaux…) agressif et répété de la part d'une personne ou d'un groupe à l'encontre d'une victime qui peut difficilement se défendre seule.
- **Réseaux sociaux** : sites internet permettant aux internautes de partager et échanger des informations, des messages, des photographies ou des vidéos avec leur communauté d'amis.

3 Les jeunes et les réseaux sociaux

25 % **des 8-17 ans** ont déjà été **victimes d'insultes, de mensonges ou de rumeurs** sur les réseaux sociaux.

Les jeunes se connectent souvent seuls : depuis leur **ordinateur personnel (50 %)** et leur **mobile (23 %)**.

92 % **des 8-17 ans** utilisent leur **vraie identité** et livrent des **informations personnelles**.

Les jeunes ont en moyenne **210 « amis »**. **30 %** ont déjà accepté comme « amis » des gens qu'ils n'ont **jamais rencontrés !**

CNIL.

Compétences
- Confronter ses jugements à ceux des autres.
- Savoir argumenter.

ÉTAPE 1 J'analyse le thème du débat

1 **Doc 1.** Sur l'affiche, je coche en bleu les cases où je pense être assez vigilant(e) sur les réseaux sociaux, je coche en rouge celles où je ne fais pas assez attention.

2 **Doc 1 et 2.** J'explique pourquoi avoir une identité numérique peut être dangereux pour moi.

3 **Doc 3.** à l'oral Ces chiffres sont-ils choquants ? Entre élèves, nous échangeons nos points de vue.

ÉTAPE 2 Je participe au débat en classe

4 **L'usage d'Internet et des réseaux sociaux est-il dangereux ?**

a. **Avant le débat :** en prenant appui sur les documents et sur mes réponses aux questions, je note mes arguments.

b. **Pendant le débat :** je note les arguments des autres élèves.

c. **Après le débat :** j'entoure les arguments avec lesquels je suis d'accord.

	L'usage d'Internet et des réseaux sociaux est un danger pour nous.	L'usage d'Internet et des réseaux sociaux n'est pas un danger pour nous.
Mes arguments		
Les arguments des autres élèves		

ÉTAPE 3 Je m'engage en exprimant mon point de vue

5 À la suite du débat, je rédige quelques phrases qui expliquent comment je dois protéger mon identité numérique face aux dangers d'Internet et des réseaux sociaux.

Auto-évaluation

J'ai pris conscience qu'Internet et les réseaux sociaux sont des espaces de liberté mais aussi de dangers.

☐ ☐ ☐

J'agis 4

Comment vivre avec les autres au collège ?

MA MISSION

À l'occasion de la Journée de l'égalité et du respect au collège, votre classe est chargée de composer des poèmes sur le vivre ensemble au collège, puis de les filmer lorsque vous les réciterez. À vous de jouer !

1 Est-ce cela, vivre ensemble ?

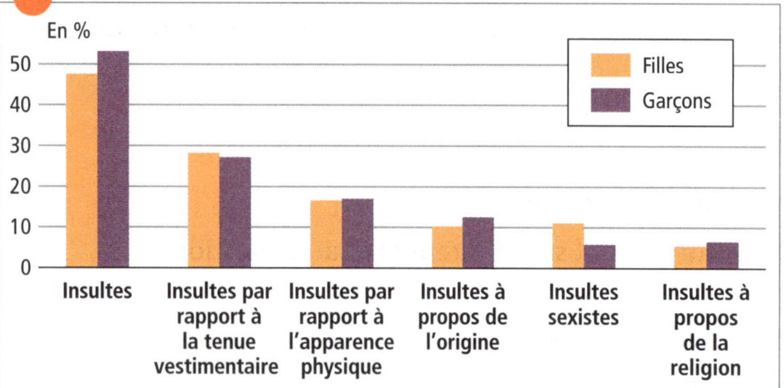

MEN, DEPP - *Enquête nationale de climat scolaire et de victimation auprès des collégiens*, 2017.

2 Que veut dire l'égalité filles-garçons ?

Vidéo et script

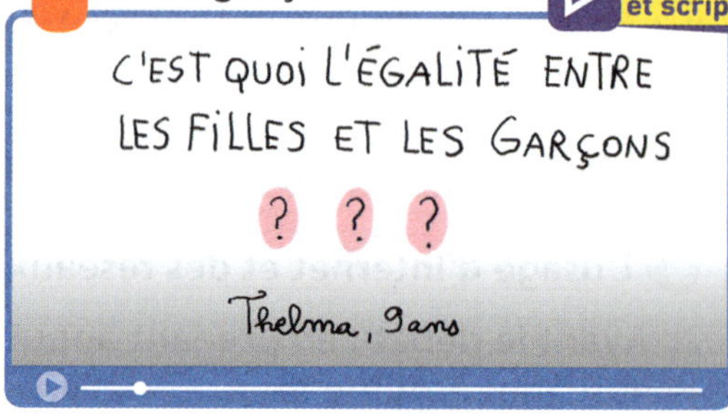

1 jour, 1 question (scénario : M. Révillion, dessins : J. Azam), © Milan presse et France Télévisions, 2015.

3 Des élèves s'engagent contre les préjugés

Affiche lauréate du concours d'affiches contre le racisme organisé par le MRAP (Mouvement contre le racisme et pour l'amitié entre les peuples) au collège Bellevue de Toulouse (Haute-Garonne), 2018.

4 Une charte du bien vivre ensemble

Charte du bien vivre ensemble rédigée par les élèves du collège Jules-Ferry d'Auneau (Eure-et-Loir), 2015.

Vocabulaire

- **Préjugé** : jugement prématuré, qui conduit à des idées fausses.
- **Racisme** : attitude de ceux qui méprisent certaines personnes en raison de leur prétendue appartenance à une race.
- **Solidarité** : action d'entraide ayant pour objectifs le respect de l'autre et la réduction des inégalités entre les êtres humains.

Compétences
- Se sentir membre d'une collectivité.
- Être responsable envers autrui.

QUESTIONS

1 **Doc 1 et 2.** Je cite les atteintes à l'égalité entre les jeunes de mon âge, présentées dans ces documents.

....

....

....

2 **Doc 3.** J'analyse cette affiche : de quelle manière les dessins illustrent-ils le slogan de l'affiche ?

....

....

....

3 **Doc 1 à 4.** Je complète les boîtes à idées ci-dessous avec des mots qui expriment le bien vivre au collège et des mots qui disent le contraire.

Les autres et moi au collège (👍)

→ Politesse, encouragements...

....

....

....

Les autres et moi au collège (👎)

→ Préjugés, mépris...

....

....

....

J'ACCOMPLIS MA MISSION

En équipe, nous écrivons nos poèmes, puis nous les enregistrons dans une capsule vidéo de quelques minutes.

- **Notre thème :** vivre ensemble au collège.
- **Les mots que nous allons utiliser :**

Nous nous inspirons des documents. ....

....

....

....

....

....

....

....

....

Méthode
- Écrire un poème, c'est :
  - choisir un thème.
  - utiliser les mots du champ lexical du thème.
  - écrire en vers ou en prose.
  - laisser parler ses émotions.
- Dire le poème, c'est :
  - le rendre mélodieux.
  - vivre ce que l'on dit, en paroles et en gestes.

Auto-évaluation

J'ai compris que pour bien vivre ensemble au collège, il faut se respecter les uns les autres.

☐ ☐ ☐

Je retiens Une identité, des identités

A Une identité pour tous et pour chacun

• Chacun dispose dès la naissance d'une **identité légale**, inscrite à la mairie dans les registres de l'**état civil**. Garantie par la loi et par l'État, elle se compose d'un nom de famille, d'un prénom, d'une **filiation**, d'une **nationalité**. Des documents d'identité (livret de famille, carte nationale d'identité…) sont des preuves officielles de l'identité légale.

• L'identité est également **personnelle**. Elle se construit au cours de la vie : scolarité, vie familiale, activités professionnelles, loisirs, engagements… L'**identité numérique** correspond aux traces légales et personnelles de l'identité d'une personne qui circulent sur Internet.

B Le respect des identités de chacun

• Les êtres humains sont tous **différents**, mais ils sont tous **égaux** et ont **droit au respect**. Ce principe est affirmé dans la devise « Liberté, Égalité, Fraternité ». S'accepter, c'est refuser les **préjugés**.

• Au collège, le droit au respect est inscrit dans le Règlement intérieur. Les élèves doivent reconnaître leurs différences (sexe, origines, cultures…), au nom de la **tolérance**. Pour vivre ensemble, ils doivent aussi se protéger des dangers d'**Internet** et des **réseaux sociaux**.

Les mots importants

- **Filiation** : lien de parenté, qui unit un enfant à ses parents.
- **Identité légale** : identité officielle d'une personne, protégée par l'Etat.
- **Identité personnelle** : ensemble de caractéristiques qui distinguent un individu d'un autre, et qui peuvent évoluer au cours de sa vie.
- **Préjugé** : jugement prématuré, qui conduit à des idées fausses.
- **Tolérance** : attitude qui consiste à admettre chez autrui ses manières de penser ou d'agir, bien que différentes de celles qu'on adopte soi-même.

Les Valeurs de la République

▶ Respect
Chacun doit estimer l'autre car il est son égal. Respecter, c'est reconnaître que les autres sont différents de soi, et avoir une attitude de bienveillance les uns envers les autres.

Je révise chez moi

Je connais l'essentiel

- ○ ✔ **Comment se nomment les trois identités d'une personne ?** Je les encadre.
- ○ ✔ **Le respect, ça veut dire quoi ?** Je souligne en bleu trois mots ou groupes de mots qui ○ le définissent.
- ○ ✔ **Quelles sont les caractéristiques de l'identité numérique ?** Je souligne en rouge deux groupes de mots.

Je sais définir et utiliser dans une phrase

- ○ ✔ **Identité légale**
- ○ ✔ **Identité personnelle**
- ✔ **État civil**

Entraîne-toi à l'aide des exercices numériques !

EXO Exercices interactifs

Exercices

1 Je suis capable de me protéger sur Internet

Je coche les attitudes qui me permettent d'utiliser Internet sans crainte.

a. Sur Internet, je peux :

- ❑ dévoiler ma vie privée.
- ❑ m'informer.
- ❑ mettre des photos de mes amis sans leur autorisation.
- ❑ créer un blog.
- ❑ faire des recherches pour le collège.
- ❑ écouter de la musique.

b. Je viens d'accepter une nouvelle amie que je ne connais pas sur un réseau social. Elle me demande des photos et souhaite me rencontrer.

- ❑ Je lui envoie des photos sans aucune crainte.
- ❑ Je ne lui envoie pas de photos mais j'accepte de la rencontrer.
- ❑ Je ne lui envoie pas de photos et je la supprime de mon compte.

c. Sur la plateforme numérique du collège, je peux :

- ❑ poser des questions sur les devoirs et des cours non compris.
- ❑ demander des informations personnelles sur un camarade.
- ❑ me moquer d'un camarade.
- ❑ échanger avec mes camarades pour réaliser un travail en groupe.

2 Je vérifie que je connais les mots importants de la leçon

Je complète la grille de mots-croisés avec les mots de la leçon.

Horizontalement

1. Elle est le lien avec ses parents.
2. Jugement sur quelqu'un sans le connaître vraiment.
3. Toute personne en a une à la naissance, qui la rattache à un pays.
4. Principe qui garantit à tous les mêmes droits.

Verticalement

A. Qualification des traces des personnes sur Internet.
B. Elle est à la fois légale et personnelle.
C. Admettre qu'autrui n'a pas les mêmes idées que soi.
D. Comportement les uns avec les autres pour bien vivre ensemble.

J'enquête 5 Comment lutter contre les addictions ?

Que dois-je faire ? **Lorsque les adolescents sont en groupe, ils sont parfois tentés de consommer des produits dangereux pour leur santé et peuvent en devenir dépendants. Comment les documents montrent-ils qu'il faut réagir contre les addictions pour protéger sa santé ?**

1 Consommer ou résister ?

Des copains pas si cool

Cigarettes

Jeux vidéo, alcool, tabac, je dis NON aux addictions, Mission interministérielle de lutte contre les drogues et les conduites addictives (MILDECA), 2020.

2 Les dangers du tabac

Vidéo et script

Professeur Gamberge, « C'est quoi les dangers du tabac ? », Cuvier Production / France 3 (réal. : Jean Schalit), 2008.

Vocabulaire

- **Addiction** : dépendance d'une personne à une substance ou une activité dangereuse pour elle, dont elle ne peut plus se passer, en dépit de sa volonté.
- **Stupéfiant** : substance dangereuse dont l'action modifie la manière de percevoir les choses, de ressentir les émotions, de penser et de se comporter. À la longue, elle provoque une addiction.

QUESTIONS

1 Doc 1.

- Je me mets à la place de Jules : dans cette situation, quelle pourrait être ma réaction ? Je coche mon/mes choix.
  - ☐ Je suis curieux, j'aimerais bien essayer.
  - ☐ J'ai très envie de faire partie de ce groupe, je vais céder…
  - ☐ J'ai très envie de faire partie de ce groupe, mais je ne céderai pas !
  - ☐ J'ai peur des conséquences du tabac sur ma santé, alors je refuse.
- à l'oral Je confronte ma réaction à celles des élèves de ma classe.

2 Doc 2. Je regarde la vidéo puis je fais la liste des problèmes de santé dus à la consommation de tabac.

....

....

Compétences
- Développer son aptitude au discernement.
- Être responsable.

3 Consommer des stupéfiants, quels effets sur la santé ?

Part des élèves ayant expérimenté :

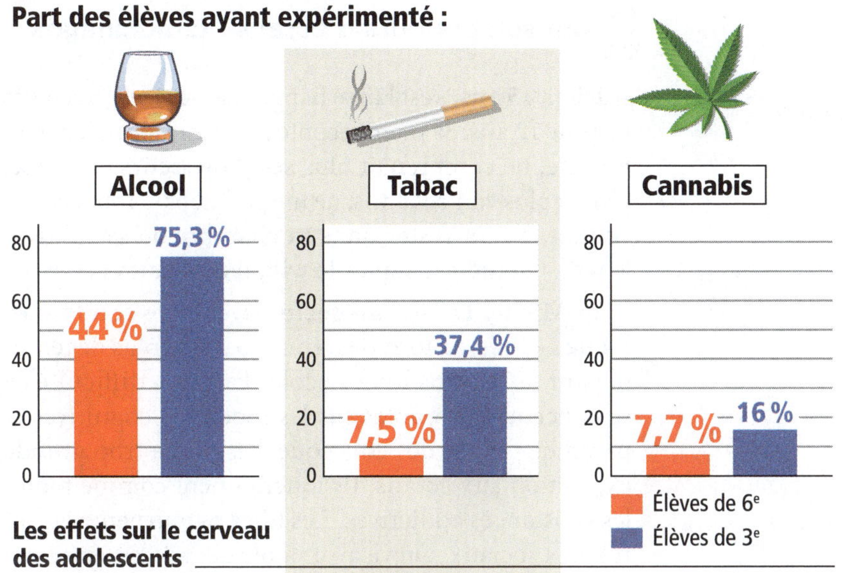

Les effets sur le cerveau des adolescents

Alcool :
- Problème d'apprentissage et de mémorisation.

Tabac :
- Très addictif.
- Action sur l'humeur.
- Augmente l'état dépressif.

Cannabis :
- Baisse de la concentration.
- Anxiété.
- État dépressif.
- Isolement.

santepubliquefrance.fr (2019) et drogues.gouv.fr (2018)

4 Ce que dit la loi

Art. 3342 – La vente et l'offre des boissons alcooliques à des mineurs est interdite dans les débits de boisson et tous commerces.

Art. 3421-1 et 5 – L'usage illicite de substances ou plantes classées comme stupéfiants est puni jusqu'à un an d'emprisonnement et 3 750 euros d'amende.

Depuis 2020, cet usage est d'abord puni d'une amende de 200 euros, dressée par les forces de l'ordre.

Art. 3511-2 – Il est interdit de vendre ou d'offrir à des mineurs, dans les débits de tabac et tous commerces, des produits du tabac, des dispositifs électroniques de vapotage ou flacons de recharge.

D'après les articles du Code de la santé publique.

QUESTIONS

3 Doc 3.

- Je nomme les consommateurs de stupéfiants cités dans ce document. Qu'est-ce qui me surprend ?

....

....

....

- Je souligne en rouge quatre effets qui portent atteinte à la santé de ces consommateurs.

4 Doc 4. Je souligne en bleu les informations qui montrent que la loi protège les collégiens contre la consommation de stupéfiants.

Info

Pour poser des questions ou demander de l'aide :

www.drogues-info-service.fr

DROGUES-INFO-SERVICE.FR
7j/7 de 8h à 2h. Appel anonyme et gratuit 0 800 23 13 13

Ce que j'ai appris

Je prépare un exposé sur la consommation de stupéfiants et le présente à l'oral.

Je classe mes arguments en trois thèmes :
- Les dangers des stupéfiants
- Ce que prévoit la loi.
- La façon dont il faut réagir face à la pression du groupe qui nous invite à consommer ces substances.

Méthode
- Je minute mon exposé : 2 minutes, pas plus !
- Je ne lis pas mes notes.
- Je regarde mon auditoire.
- Je présente mes arguments de manière convaincante.

Auto-évaluation

Je sais faire preuve de responsabilité.

☐ ☐ ☐

Débattre 6

Passons-nous trop de temps sur les écrans ?

1 Les adolescents et les écrans en chiffres

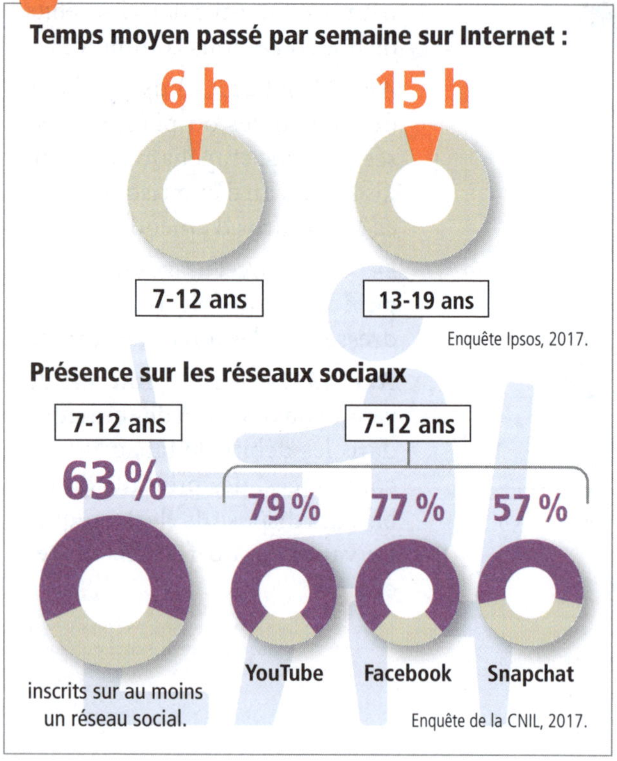

2 Consommateurs d'écrans : témoignages

Adrien, 15 ans, s'est laissé happer par les jeux vidéo dès l'âge de 12 ans. Sa mère raconte : « Il ne respectait aucun horaire, ne comprenait plus ses professeurs en classe, n'allait plus voir ses amis, ne me parlait pas. Tout ce qu'il voulait, c'était rester dans sa chambre où se trouvait le wifi. Quand je coupais le wifi, il devenait violent. »

Jean-Michel Delile, médecin psychiatre et addictologue : « Près de 40 % des jeunes passent plus de temps devant les écrans qu'à l'école. Fatigue, difficultés à se concentrer, troubles sur les fonctions cognitives et psychiques sont des conséquences d'une trop grande exposition aux écrans. Ils fonctionnent comme toutes les substances addictives. Les filles se tournent vers les réseaux sociaux. On va avoir alors des adolescentes qui gardent le téléphone allumé en permanence, même la nuit, en attente d'une réponse ou d'un commentaire. »

« Comment aider nos ados face à l'addiction aux écrans ? », franceinfo, 16 octobre 2020.

3 Apprendre avec les outils numériques

En prenant appui sur des aides technologiques à la lecture, les élèves accèdent plus facilement au texte et à son contenu, et la compréhension s'en trouve améliorée.

Au niveau de la rédaction de textes, le recours aux outils informatiques (dictionnaires et conjugueurs électroniques, logiciel lexical) permet une meilleure correction de l'orthographe […]. Le recours au traitement de texte améliore la production des écrits, pour tous les élèves.

V. Bacquelé, réseau Canopé, 2017.

4 Par les écrans, une ouverture sur l'espace

Vidéo
Thomas Pesquet échange avec des collégiens

Le 20 mars 2017, les élèves de l'école Aalberg de Sainte-Marie-aux-Mines (Haut-Rhin) participent à la conférence interactive animée par l'astronaute Thomas Pesquet depuis la Station spatiale internationale (SSI). Elle a été suivie par plus de 250 000 élèves (10 000 établissements scolaires), du cours préparatoire à la 3e.

Vocabulaire

- **Cyberdépendance** : dépendance qui s'installe chez une personne faisant un usage compulsif de l'ordinateur et principalement des moyens de communication liés à Internet.
- **Écrans** : la télévision, l'ordinateur, la console, le téléphone mobile, la tablette sont les médias utilisés pour jouer, se rendre sur les réseaux sociaux, écouter de la musique, s'informer et communiquer.
- **Réseaux sociaux** : sites internet permettant aux internautes de partager et échanger des informations, des messages, des photographies, ou des vidéos avec leur communauté d'amis.

Compétences
- Être capable d'argumenter.
- Confronter ses jugements à ceux des autres.

ÉTAPE 1 J'analyse le thème du débat

1 **Doc 1.** Je compare ces statistiques à mon usage des écrans : je calcule le temps que je passe en moyenne par semaine sur les écrans.

- Jeux vidéo : ....
- Réseaux sociaux : ....
- Travail scolaire : ....

2 **Doc 2.** Je souligne les troubles qu'entraîne l'usage abusif des écrans.

3 **Doc 3 et 4.** à l'oral Nous discutons : que nous apprennent ces documents sur l'usage des écrans ?

ÉTAPE 2 Je participe au débat en classe

4 **Passons-nous trop de temps sur les écrans ?**

a. **Avant le débat :** à l'aide des documents et de mon expérience, je note mes arguments.

b. **Pendant le débat :** je note les arguments des autres élèves.

c. **Après le débat :** j'entoure les arguments avec lesquels je suis d'accord.

	Les écrans (jeux vidéo, Internet, réseaux sociaux…)	
	Aspects positifs	**Aspects négatifs**
Mes arguments	....	....
Les arguments des autres élèves	....	....

ÉTAPE 3 Je m'engage en exprimant mon point de vue

5 À la suite du débat en classe, je rédige quelques phrases qui expriment mon point de vue sur le temps passé sur les différents écrans.

- Les aspects positifs du temps passé devant les différents écrans :

....

....

- Les risques qu'entraîne un temps trop long devant les écrans :

....

....

6 Ai-je modifié mon point de vue après le débat ? Si oui, pourquoi ?

....

....

Auto-évaluation

Je sais respecter l'opinion des autres.

☐ ☐ ☐

J'agis 7

Comment s'engager contre le cyberharcèlement au collège ?

MA MISSION

Au collège, le harcèlement dans les couloirs et à la récréation est une réalité. Il se poursuit souvent sur les réseaux sociaux. Dans le cadre de la Journée nationale de lutte contre le harcèlement, nous réalisons des affiches pour dénoncer le cyberharcèlement.

1 L'engrenage du cyberharcèlement

Le cyberharcèlement

Pour quels motifs ?
- ....
- Orientation sexuelle
- ....
- Religion

Où ?
- Au collège
- ....

....

Sur sa santé
- Tristesse
- ....
- ....
- Dépression

Sur sa scolarité
- ....
- Absentéisme
- ....

Sur sa vie sociale
- ....
- Agressivité

2 Des collégiens engagés contre le cyberharcèlement

Affiche primée au concours « NON au harcèlement » (2020), collège Léo-Testut, Beaumontois-en-Périgord (Dordogne).

Vocabulaire

- **Cyberharcèlement** : acte en ligne (téléphone portable, chats, réseaux sociaux…) agressif et répété de la part d'une personne ou d'un groupe à l'encontre d'une victime qui peut difficilement se défendre seule.

3 Le harcèlement en ligne

Campagne « Liker, c'est déjà harceler », ministère de l'Éducation nationale, de la Jeunesse et des Sports, 2016.

Info

Le **cyberharcèlement** est un délit, plus lourdement puni si la victime a moins de 15 ans (amende, emprisonnement). Si vous en êtes victime (45 % des élèves de 12 à 14 ans, filles et garçons), signalez-le sur la plateforme officielle Pharos : www.internet-signalement.gouv.fr

Compétences
- Développer le sens de l'engagement.
- Respecter autrui.

QUESTIONS

1 Doc 1. Je définis le cyberharcèlement en reportant sur le schéma les expressions suivantes :

Perte de l'estime de soi | À la maison | Effets sur la victime | Isolement | Apparence physique | Sentiment de honte | Bons résultats scolaires | Mauvais résultats | Phobie scolaire

Coup de pouce
- J'observe attentivement les rubriques du schéma.
- Je classe les mots ci-contre afin de les inscrire dans les encadrés qu'ils illustrent.

2 Doc 2.

- J'observe la scène de l'affiche et j'explique ce que dénoncent les collégiens.

....

....

....

- Je donne mon point de vue : comment le message de cette affiche illustre-t-il l'engagement des collégiens contre le cyberharcèlement ?

....

....

....

3 Doc 3, Info.

- *à l'oral* Nous discutons : quels sentiments ressent la jeune fille ? Que ressentons-nous devant ce qui lui arrive ?
- Je note les mots importants qui indiquent pourquoi le cyberharcèlement est très grave.

....

J'ACCOMPLIS MA MISSION

Avec ma classe, je réalise une affiche pour lutter contre le cyberharcèlement.

Mots à faire apparaître sur l'affiche :

....

....

....

....

Slogan

Image pour illustrer : personnage(s), objet(s)/collage, photographie(s)...

Adresse du site pour signaler le cyberharcèlement :

....

....

Auto-évaluation

Je suis capable de m'engager dans un projet collaboratif.

☐ ☐ ☐

Je retiens S'engager pour le respect

A Se protéger des addictions

• Les adolescents sont parfois tentés par la consommation de **stupéfiants** (tabac, alcool, cannabis). Ces produits toxiques portent atteinte à la santé, provoquent des troubles du comportement et créent une **dépendance**. L'**addiction** est d'autant plus forte si l'on en consomme jeune.

• En France, l'usage de ces drogues est encadré par la **loi**. La vente d'alcool et de tabac est interdite aux mineurs. La consommation de cannabis est interdite et punie en justice. Lutter contre ces addictions, c'est se respecter. Pour en sortir, il faut en parler et se faire aider.

B Être responsable dans l'usage des écrans

• Internet est un espace de liberté où chacun peut s'instruire, communiquer, mais à condition que tous soient respectés dans leur **dignité**. De même, l'usage des écrans doit être limité sinon il peut devenir addictif. C'est la **cyberdépendance**, qui isole. L'Organisation mondiale de la santé (OMS) a classé les jeux vidéo parmi les drogues.

• Communiquer sur les **réseaux sociaux** est devenu courant, mais il faut se prémunir du **cyberharcèlement** qui porte atteinte très gravement à la santé mentale des victimes. Il est puni par la loi, mais lutter contre le cyberharcèlement, c'est aussi avoir le courage de le dénoncer (alerte sur la plateforme Pharos, engagement dans le concours scolaire « Non au harcèlement »…).

Les mots importants

• **Addiction** : dépendance d'une personne à une substance ou une activité dangereuse pour elle, dont elle ne peut plus se passer, en dépit de sa volonté.

• **Cyberdépendance** : dépendance qui s'installe chez une personne faisant un usage compulsif de l'ordinateur et principalement des moyens de communication liés à Internet.

• **Cyberharcèlement** : acte en ligne (téléphone portable, chats, réseaux sociaux…) agressif et répété de la part d'une personne ou d'un groupe à l'encontre d'une victime qui peut difficilement se défendre seule.

• **Réseaux sociaux** : sites internet permettant aux internautes de partager et échanger des informations, des messages, des photographies, ou des vidéos avec leur communauté d'amis.

• **Stupéfiant** : substance dangereuse dont l'action modifie la manière de percevoir les choses, de ressentir les émotions, de penser et de se comporter. À la longue, elle provoque une addiction.

Les Valeurs de la République

▶ Dignité

Tout être humain est unique et estimable : c'est sa dignité. Il doit la respecter pour lui-même : c'est l'estime de soi. Et chacun doit respecter la dignité des autres.

Je révise chez moi

Je connais l'essentiel

- ✔ **De quelles addictions est-il question dans la leçon ?** J'entoure les deux en rouge.
- ✔ **Quelles sont les conséquences de ces addictions ?** J'en souligne cinq en rouge.
- ✔ **Comment lutter contre les addictions ?** Je souligne en bleu trois types d'actions.

Je sais définir et utiliser dans une phrase

- ✔ Addiction
- ✔ Cyberharcèlement
- ✔ Réseaux sociaux

Entraîne-toi à l'aide des exercices numériques !

EXO Exercices interactifs

Exercices

1 Lutter contre les addictions

Je réalise une carte mentale que je complète avec les mots-clés que j'ai appris.
J'utilise trois couleurs pour distinguer trois catégories :

Quelles addictions ? Pourquoi lutter contre elles ? Comment lutter contre elles ?

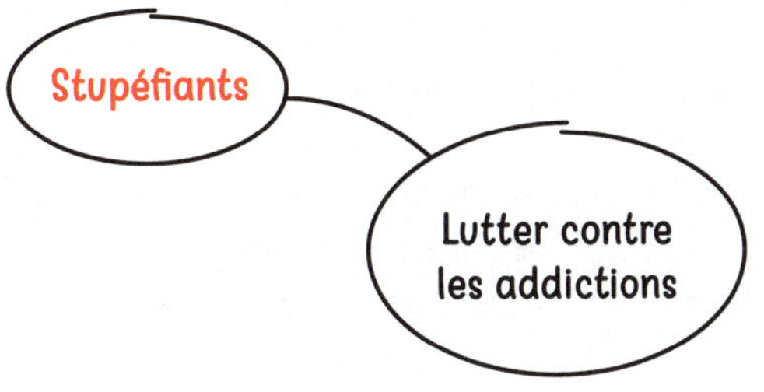

2 Comprendre ce qu'est le cyberharcèlement

J'entoure, parmi ces groupes de mots, ceux qui définissent le cyberharcèlement.

Chat amical

Usurpation d'identité numérique

Contact avec les amis

Intimidations, menaces

Échange de vidéos

Propagation de rumeurs

Piratage de compte

Aide pour les devoirs

Discussion, groupe ou page lancé(e) contre un camarade

Partage de musique

Publication de photos compromettantes

Jeu de rôle en ligne

Recherches d'informations

Insultes, moqueries

ON EN DISCUTE

8 Être égaux, qu'est-ce que ça veut dire ?

Pour commencer

– Un comportement, commun à toutes les sociétés, consiste à mépriser des personnes ayant des caractéristiques physiques et culturelles différentes des nôtres. [...] Si on te fait croire que ceux qui ont la peau blanche sont supérieurs à ceux dont la peau est noire, tu pourrais avoir un comportement raciste [...].

– C'est quoi être supérieur ?

– C'est croire, par exemple, du fait qu'on a la peau blanche, qu'on est plus intelligent que quelqu'un dont la peau est noire ou jaune. [...] Tout enfant est capable d'avoir un comportement de rejet s'il s'agit de quelqu'un de différent.

– Il n'y a pas de race meilleure ?

– Non [...]. Chaque être humain est unique et nous sommes tous différents. Tout naturellement, un enfant joue avec d'autres enfants. Il ne se pose pas la question de savoir si tel enfant de couleur différente est inférieur ou supérieur à lui.

Tahar Ben Jelloun, *Le Racisme expliqué à ma fille*, Seuil, 1998.

1 NOS PREMIÈRES RÉACTIONS

Nos émotions face à cette situation.

Mes émotions

....
....
....
....
....
....
....
....

Les émotions des autres

....
....
....
....
....
....
....
....

Coup de pouce
- Aidez-vous de la roue des émotions p. 4.

Nous dialoguons pour dire pourquoi nous ressentons ces émotions.

→ Je rédige quelques phrases qui expliquent les émotions que nous avons ressenties.

....
....
....

Nous discutons à deux, en groupes ou en classe entière.

→ Nous réfléchissons autour du mot « **égalité** ». Qu'est-ce qu'il veut dire pour nous ?

....
....
....

Coup de pouce
- Que savez-vous déjà au sujet de ce mot ?
- Que dit le dictionnaire au sujet de ce mot ?

Compétences
- Identifier et exprimer ses émotions.
- Exprimer son opinion et respecter l'opinion des autres.

2 NOS ARGUMENTS

« Être égaux, qu'est-ce que ça veut dire ? »

1. à l'oral **Être égaux dans la société : qu'en pensent ce père et sa fille dans le texte ?**

→ Être tous égaux, est-ce que ça veut dire que nous sommes tous pareils ?
❑ Oui ❑ Non

→ Être tous différents, est-ce que ça veut dire que nous sommes tous inégaux ?
❑ Oui ❑ Non

→ Être égaux et différents, est-ce que cela illustre la devise de la République « Liberté, Égalité, Fraternité » ?
❑ Oui ❑ Non

2. Selon moi, être égaux dans la vie de tous les jours, qu'est-ce que cela devrait être ?

....

....

....

Coup de pouce
- À l'oral, je réponds de manière argumentée aux questions posées.
- J'utilise les mots **égalité**, **inégalité**, **différence**, **liberté**, **fraternité**, **juste**, **injuste**...

Bilan de la discussion

Je réalise une carte mentale qui explique cette expression : « L'égalité, c'est pour vivre ensemble dans une société juste ».

L'égalité pour vivre ensemble

Interview de Claire Hédon,
Défenseure des droits

→ Que m'apprend cette interview ?

Auto-évaluation

J'ai su m'intégrer dans la discussion et j'ai enrichi ma réflexion sur le sens du mot « égalité ».

❑ ❑ ❑

Repères 9

L'égalité des droits dans la République française

1 Des lois pour la conquête de l'égalité

- **1789** Déclaration des droits de l'homme et du citoyen
- **1848** Abolition de l'esclavage. Suffrage universel masculin (21 ans)
- **1882** Lois Ferry : école primaire gratuite, obligatoire, publique et laïque pour les garçons et les filles de 6 à 13 ans
- **1936** Congés payés pour tous
- **1944** Droit de vote des femmes (21ans)
- **1945** Création de la Sécurité sociale (l'Assurance Maladie)
- **1958** Création des allocations chômage
- **1974** Droit de vote à 18 ans
- **1988** Création du RMI (revenu minimum d'insertion)
- **1999** Création de la CMU[1]
- **2000** Loi sur la parité en politique
- **2004** Laïcité à l'école, au collège, au lycée
- **2005** Loi pour l'égalité des droits et des chances, la participation et la citoyenneté des personnes handicapées
- **2007** Loi DALO[2]
- **2009** Création du RSA (revenu de solidarité active)
- **2013** Charte de la laïcité
- **2016** PUMa[3]

[1] Couverture maladie universelle pour les personnes aux revenus les plus faibles.
[2] Droit au logement opposable : garantie du droit à un logement décent.
[3] Protection universelle maladie : remplace la CMU et s'étend aux personnes aux revenus modestes.

2 Ce que dit la loi

Art. 1er – Les hommes naissent et demeurent libres et égaux en droits.

Déclaration des droits de l'homme et du citoyen, 1789.

Art. 1er – La France est une République indivisible, laïque, démocratique et sociale. Elle assure l'égalité devant la loi de tous les citoyens sans distinction d'origine, de race ou de religion. Elle respecte toutes les croyances. [...]

La loi favorise l'égal accès des femmes et des hommes aux mandats électoraux et fonctions électives, ainsi qu'aux responsabilités professionnelles et sociales.

Art. 2 – [...] La devise de la République est « Liberté, Égalité, Fraternité ».

Constitution de la Ve République, 1958.

Vocabulaire

- **Droits civils** : droits exercés dans la vie quotidienne (liberté de penser, de s'exprimer, d'avoir une religion de son choix...).
- **Droits politiques** : droit de voter et d'être élu.
- **Droits sociaux** : prise en charge par l'État de dépenses répondant aux besoins de la population, au nom de l'égalité.

Info

Le mot « **laïcité** » vient du grec ancien *laïkos* « peuple uni autour de valeurs partagées ». Principe selon lequel l'État ne favorise aucune religion et garantit la liberté de conscience. La laïcité symbolise les **valeurs de liberté, d'égalité et de fraternité**. Elle implique que les signes d'appartenance religieuse soient discrets à l'école publique.

Compétences
- Comprendre le rapport entre les règles et les valeurs.
- S'informer de manière rigoureuse.

QUESTIONS

1 Doc 1. • Dans la chronologie, je souligne :
– en rouge les droits civils.
– en bleu les droits politiques.
– en vert les droits sociaux.

• J'argumente : pourquoi peut-on affirmer que l'égalité politique a été conquise par étapes ?

2 Doc 1 et 2. J'entoure dans les documents ce qui montre comment la loi a mis à égalité les hommes et les femmes dans la vie politique.

3 Doc 1, 2 et **Info.** J'explique comment la laïcité nous rend tous égaux au collège.

Coup de pouce
• Vous pouvez rechercher des arguments dans la Charte de la laïcité.

4 Doc 1, 2 et **Info.** J'exprime mon opinion :
• Que veut-dire « sans égalité, pas de liberté » ?

• Que veut dire « sans fraternité, pas d'égalité » ?

Auto-évaluation
J'ai compris que la loi garantit l'égalité des droits.
☐ ☐ ☐

J'enquête 10 Quelle protection de l'État contre les inégalités sociales ?

Que dois-je faire ? **Dans la société, l'égalité n'est pas réelle car nous ne disposons pas tous des mêmes ressources. À partir des informations des documents, je complète un schéma qui explique comment l'État tente de réduire les inégalités sociales au nom de la solidarité nationale.**

1 Ce que dit la loi

[La Nation] garantit à tous, notamment à l'enfant, à la mère et aux vieux travailleurs, la protection de la santé, la sécurité matérielle, le repos et les loisirs. Tout être humain qui, en raison de son âge, de son état physique ou mental, de la situation économique, se trouve dans l'incapacité de travailler a le droit d'obtenir de la collectivité des moyens convenables d'existence.

Préambule de la Constitution de 1946, inscrit dans la Constitution de la Vᵉ République (1958).

2 La Sécurité sociale, contre les risques de la vie

QUESTIONS

1 Doc 1. Dans cet extrait de loi, je souligne les mots/groupes de mots qui indiquent dans quels domaines l'égalité de tous est garantie par l'État.

2 Doc 2. Je reporte le/les numéro(s) de la prestation de la Sécurité sociale qui correspond(ent) à la situation de chaque personne du dessin :

1. Prise en charge des frais médicaux
2. Indemnités journalières pour arrêt de travail
3. Versement d'une pension de retraite
4. Versement d'allocations familiales
5. Prestation de compensation du handicap
6. Aide au paiement du logement étudiant
7. Prise en charge des frais de santé de la maternité
8. Indemnités de chômage

3 Doc 1 et 2. à l'oral J'argumente : dans ces situations, comme l'État protège-t-il contre les inégalités ?

Compétences
- Comprendre les principes de la République.
- Avoir le sens de l'intérêt général.

3 Des aides de l'État contre la pauvreté

Je viens d'obtenir mon diplôme de cuisinier et suis en recherche d'emploi. Sans revenus, mes frais de santé sont entièrement pris en charge par la PUMa.
Paul, 21 ans.

Ma pension de retraite est faible car j'ai élevé mes enfants et ai peu travaillé. Grâce à l'ASPA, je peux subvenir à mes besoins.
Annie, 74 ans.

Mon salaire d'aide-ménagère à mi-temps ne me permettait plus de payer mon loyer. Menacés d'expulsion, nous avons été relogés dans un hôtel social en raison de mes faibles revenus.
Zhora, 35 ans, mère de trois enfants.

Au chômage depuis plusieurs années, je ne touchais presque plus d'indemnités. Grâce au RSA, je ne dors pas dans la rue.
Christophe, 48 ans.

Le savez-vous ?

Pour financer les dépenses destinées à la protection des citoyens, l'État demande à chacun de participer selon ses moyens : **impôt sur le revenu**, contribution sociale généralisée (**CSG**) prélevée sur tous les revenus d'activité, **taxes** (TVA, tabac, activités polluantes…), **cotisations sociales** versées par les salariés, leurs employeurs, et les travailleurs indépendants, aux caisses de la Sécurité sociale.

Vocabulaire

- **Solidarité nationale** : mesures de l'État, auxquelles chacun contribue selon ses moyens, pour lutter contre les inégalités et assurer une plus grande cohésion sociale.

QUESTIONS

4 Doc 3. Je souligne, dans les témoignages, le point commun entre les personnes concernées par ces aides de l'État.

5 Doc 1 et 3. J'exprime mon point de vue : par ces différentes aides, que garantit l'État à ces personnes, conformément à la loi ?

……

……

Ce que j'ai appris

Face aux risques sociaux présentés dans ce schéma, je nomme, pour chacun d'eux, les mesures de l'État (**doc 2** et **3**) qui sont appliquées pour réduire les inégalités.

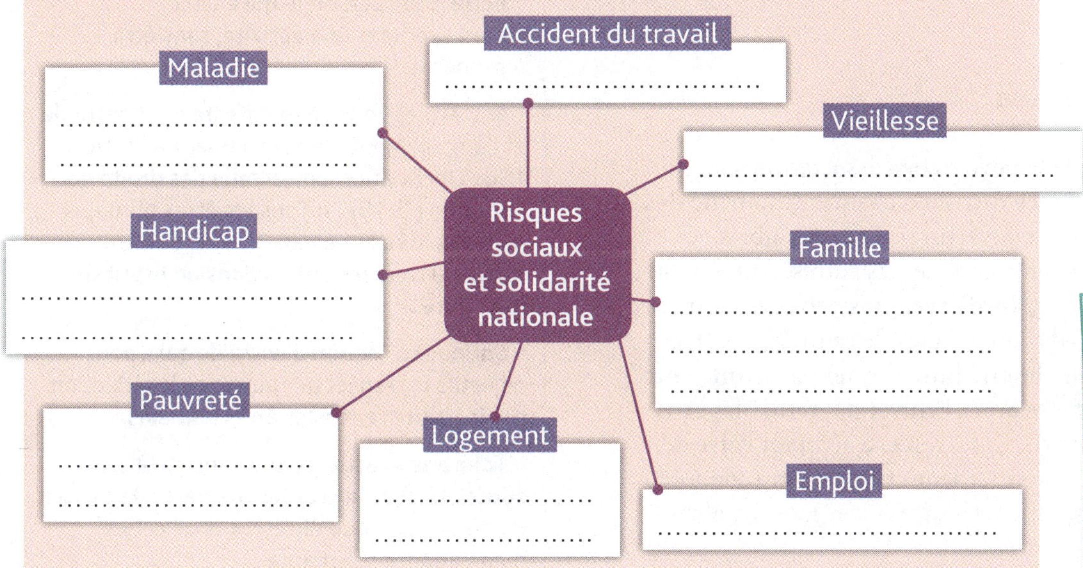

Auto-évaluation

J'ai compris la nécessité de la solidarité nationale, pour vivre ensemble.

☐ ☐ ☐

J'agis 11

Comment chacun peut-il s'engager contre les inégalités ?

MA MISSION

Autour de nous vivent des personnes en situation de précarité, qui peuvent basculer dans l'exclusion si on ne leur vient pas en aide. À partir des documents et de sites Internet d'associations humanitaires, je rédige un article pour le journal du collège, dans lequel j'explique comment je m'engagerais pour lutter contre les inégalités.

1 Ce que dit la loi

Art. 1er – Tous les êtres humains naissent libres et égaux en dignité et en droits. Ils sont doués de raison et de conscience et doivent agir les uns envers les autres dans un esprit de fraternité.

Déclaration universelle des droits de l'homme (1948).

2 Des collégiens engagés contre la maladie

Vidéo et script

Campagne « Mets tes baskets et bats la maladie », association ELA, 2020.

3 Des enfants bénévoles

Un samedi sur deux, on accueille les mamans et on s'occupe de leurs enfants […]. On leur prépare des colis de produits alimentaires et hygiéniques. Les enfants s'amusent avec nous ! Ça fait plaisir de se sentir utile pour les autres !

Raphaël, 12 ans.

J'ai découvert la Croix-Rouge en faisant un exposé sur l'association en classe. Ça m'a donné envie de faire du bénévolat. Nous recevons des vêtements pour bébé. Je les trie et les vends aux parents à des prix très réduits. […]. Nous écoutons les familles et leur donnons du courage pour surmonter leurs difficultés.

Alexis, 14 ans.

Le savez-vous ?

La **leucodystrophie** est une maladie génétique rare qui détruit l'enveloppe protectrice des nerfs. L'association ELA collecte des fonds pour la recherche médicale et l'accompagnement des familles touchées par cette maladie.

4 Bénévoles dans la rue

Avec une trentaine de bénévoles de l'association « Action citoyenne », Marie-Garance distribue chaque dimanche des repas, des vêtements, des couvertures aux sans-abris. « On est heureux de se retrouver pour aider les autres. Après avoir arpenté les rues de Lille (Nord) avec nos gros sacs sur les épaules, on se sent bien d'avoir agi pour les autres […]. Il faut s'armer de volonté et de bonne humeur, ne pas avoir peur d'aller vers les autres et être prêt à essuyer des refus : les sans-abris ont leur dignité. Inutile de les forcer à accepter votre don s'ils le refusent. Il faut respecter leur choix. La grande force d'Action citoyenne, c'est cette tolérance envers les sans-abris ».

tousbenevoles.org

Vocabulaire

- **Bénévole** : personne qui exerce volontairement une activité, sans être rémunérée.
- **Fraternité** : elle se manifeste par l'entraide et l'engagement, conformément à l'article 1er de Déclaration universelle des droits de l'homme (1948) : « Tous les êtres humains naissent libres et égaux […]. Ils doivent agir les uns envers les autres dans un esprit de fraternité ».
- **Solidarité** : action d'entraide qui a pour objectifs le respect des autres et la réduction des inégalités entre les êtres humains.
- **Tolérance** : attitude qui consiste à admettre chez autrui ses manières de penser ou d'agir, bien que différentes de celles qu'on adopte soi-même.

Compétences
- Se sentir membre d'une collectivité.
- Être responsable envers autrui.

QUESTIONS

1 Doc 2, 3, 4. J'identifie les personnes qui ont besoin d'être aidées pour pouvoir mener une vie digne, et l'aide qui leur est apportée.

....

....

....

....

2 Doc 1 à 4. J'exprime mon opinion : comment les engagements présentés dans les documents mettent-ils en application les affirmations soulignées dans la Déclaration universelle des droits de l'homme ?

....

....

....

....

3 • En petit groupe, nous effectuons une recherche sur les actions d'une association engagée contre la pauvreté, par exemple :
- **Le Secours populaire :** www.secourspopulaire.fr
- **Les Restos du cœur :** www.restosducoeur.org
- **ATD Quart-Monde :** www.atd-quartmonde.fr

• **à l'oral** Chaque groupe présente les actions des bénévoles de l'association visitée.

J'ACCOMPLIS MA MISSION

Je rédige mon article à partir des informations relevées dans les documents et sur le site de l'association choisie.

Quel message ? → **MON ENGAGEMENT**

Je souhaite m'engager : ← Quelles actions ?
- au collège
- dans ma vie personnelle

Pourquoi ? ← J'utilise les valeurs de fraternité, solidarité, dignité.

Auto-évaluation

J'ai pris conscience de la nécessité de s'engager pour réduire les inégalités et mieux vivre ensemble.

☐ ☐ ☐

Débattre 12 La loi suffit-elle pour garantir le droit à l'égalité aux personnes handicapées ?

1 Vivre avec les autres

2 Le témoignage d'une AESH

Le statut d'AESH (accompagnant aux élèves en situation de handicap) a été créé en 2014.

Je voulais aider, me sentir utile, et je me suis donc orientée vers le métier d'accompagnant aux élèves en situation de handicap (AESH). Je travaille avec deux enfants dans un même groupe scolaire. Le premier est un enfant hyperactif en CM2 que je suis depuis deux ans. Avec lui, j'essaie de travailler sur son attention en classe. Le second est un adolescent en 4e, handicapé moteur. Dans ce cas, je suis plus là pour remplacer ses jambes, pour veiller à ses déplacements, à son installation en classe. Au quotidien, il s'agit d'installer une confiance, de s'adapter à l'enfant, à ses besoins, d'être à l'écoute et d'être attentive à son ressenti, sa fatigue, ses difficultés. Je trouve gratifiant d'alléger les difficultés et faire en sorte que malgré le handicap ils restent des enfants comme les autres.

Témoignage de R'kira, 44 ans, sur pole-emploi.fr

3 Ce que dit la loi

Art. 2 – Toute personne handicapée a droit à la solidarité de l'ensemble de la collectivité nationale, qui lui garantit, en vertu de cette obligation, l'accès aux droits fondamentaux reconnus à tous les citoyens ainsi que le plein exercice de sa citoyenneté.

Loi pour l'égalité des droits et des chances, la participation et la citoyenneté des personnes handicapées, 11 février 2005.

Le savez-vous ?

L'exclusion du monde du travail touche particulièrement les personnes en situation de handicap. Une **personne handicapée sur deux** ne parvient pas à obtenir un emploi. Aujourd'hui, **51 %** des entreprises privées respectent la loi qui impose que **6 %** de leurs salariés soient des personnes handicapées.

Compétences
- Se sentir membre d'une collectivité.
- Exprimer son opinion et respecter celle des autres.

ÉTAPE 1 J'analyse le thème du débat

1 J'effectue une recherche : quels sont les quatre grands types de handicap ?

....

....

2 **Doc 1, 2 et vidéo.** • J'explique comment ces personnes peuvent exercer leurs droits fondamentaux.

....

....

....

....

• Je m'exprime : quels obstacles peuvent rencontrer les personnes handicapées pour vivre comme tout le monde ?

....

....

3 **Doc 3.** Je souligne les deux obligations imposées par la loi de 2005 en faveur des personnes handicapées.

ÉTAPE 2 Je participe au débat en classe

4 **La loi suffit-elle pour garantir le droit à l'égalité aux personnes handicapées ?**

a. Avant le débat : j'écris mes arguments dans le tableau.

b. Pendant le débat : je note les arguments des autres élèves.

c. Après le débat : j'entoure dans le tableau les arguments avec lesquels je suis finalement d'accord.

	Mes arguments	Les arguments d'autres élèves
Oui	....	....
Non	....	....

ÉTAPE 3 Ce que je retiens du débat

5 • À la suite du débat, j'exprime mon point de vue : la loi suffit-elle pour garantir le droit à l'égalité aux personnes handicapées ?

....

....

• Ai-je changé d'avis après le débat ? Pourquoi ?

....

....

Auto-évaluation

J'ai compris le rôle de la loi pour lutter contre les inégalités.

☐ ☐ ☐

Je retiens Égaux en droits

A Égaux devant la loi

• Principe fondamental de la République française, l'**égalité** est garantie par la **loi**. Elle accorde à tous les mêmes droits. La **Déclaration des droits de l'homme et du citoyen** (1789) a reconnu à tous des **droits civils** et des **droits politiques**. La République a reconnu des **droits sociaux** (droit à l'éducation, à la Sécurité sociale…), quels que soient les revenus de chacun.

• Pour financer ses dépenses sociales, l'État demande à chacun de participer selon ses moyens : **impôt sur le revenu** progressif, **cotisations sociales** proportionnelles aux revenus. C'est la **solidarité nationale**.

B Agir contre l'exclusion

• Dans les faits, les inégalités sociales entre les individus demeurent. Pour lutter contre l'**exclusion** (pauvreté, vieillesse, handicap…), l'**État** agit par des lois et des programmes d'insertion (PUMa, RSA, logements sociaux…). De même, les **associations humanitaires** se mobilisent auprès des plus démunis (distribution de repas, hébergement, loisirs, actions d'insertion professionnelle…).

• La lutte contre l'exclusion est aussi l'affaire de tous, pour vivre ensemble dans une société plus juste. Chacun peut s'engager, comme **bénévole**, par des **dons**, au nom de la **solidarité** et de la **fraternité**.

Les mots importants

• **Droits civils** : droits exercés dans la vie quotidienne (liberté de penser, de s'exprimer, d'avoir une religion de son choix…).

• **Droits politiques** : droit de voter et d'être élu.

• **Droits sociaux** : prise en charge par l'État de dépenses permettant à tous d'être vraiment égaux dans la société.

• **Exclusion** : rejet de personnes hors de la société.

Les Valeurs de la République

▶ Fraternité

Elle se manifeste par l'entraide et l'engagement, conformément à l'article 1er de Déclaration universelle des droits de l'homme (1948) : « Tous les êtres humains naissent libres et égaux […]. Ils doivent agir les uns envers les autres dans un esprit de fraternité ».

▶ Solidarité

Action d'entraide qui a pour objectifs le respect des autres et la réduction des inégalités entre les êtres humains.

Je révise chez moi

Je connais l'essentiel

- ✔ **Quels droits illustrent le principe républicain d'égalité ?** J'encadre en bleu trois catégories de droits.
- ✔ **Qui s'engage contre les inégalités ?** J'encadre en rouge trois acteurs.
- ✔ **Quel texte fondamental garantit l'égalité des droits ?** Je souligne son nom.

Je sais définir et utiliser dans une phrase

- ✔ **Association humanitaire**
- ✔ **Bénévole**
- ✔ **Solidarité de l'État**

Entraîne-toi à l'aide des exercices numériques !

EXO **Exercices interactifs**

Exercices

1 Je nomme les mots de l'égalité qui caractérisent ces affirmations

L'égalité, c'est…

- L'éducation et la Sécurité sociale font partie de ces droits. ....
- Elle rassemble des personnes qui agissent ensemble pour aider les autres. ....
- Deux valeurs de la République qui sont le contraire de l'indifférence. ....
- Les hommes puis les femmes ont obtenu ces droits. ....
- Elle est la même pour tous et garantit l'égalité des droits. ....
- Ils permettent à chacun de penser, de s'exprimer librement. ....

2 Je montre que la laïcité, c'est l'égalité

....

....

....

....

....

....

1 Autour de l'image :

- J'indique ce que représentent les symboles (à gauche), et les bâtiments (à droite).
- Je nomme le code de loi et je recherche dans les mots importants (p. 34) les droits qu'il garantit : ....

....

2 J'indique la différence entre les symboles de gauche et les bâtiments de droite, et pourquoi le Code civil est placé entre eux : ....

....

....

3 À partir de l'**Info** p. 26 et des éléments de l'image, je définis ce qu'est la laïcité.

....

....

....

Repères 13 Comment lutter contre les discriminations ?

1 Les critères de discriminations interdits par la loi

▷ Vidéo
C'est quoi la discrimination ?

Affiche de l'association Themis, 2020.

Le savez-vous ?

Défenseurdesdroits
République Française

Le **Défenseur des droits** est une autorité de l'État dont la mission est de lutter contre les discriminations, au nom de l'égalité des droits. Toute personne qui s'estime victime d'une discrimination peut faire appel à lui.

Compétences
- Accepter les différences.
- Respecter les règles communes.

2 Ce que dit la loi

Art. 1 – Tous les êtres humains naissent libres et égaux en dignité et en droits [...]. Ils doivent agir les uns envers les autres dans un esprit de fraternité.

Déclaration universelle des droits de l'homme, 1948.

Art. 14 – Interdiction de discrimination. La jouissance des droits et libertés [...] doit être assurée, sans distinction aucune, fondée sur le sexe, la race, la couleur, la langue, la religion, les opinions [...].

Convention européenne des droits de l'homme, 1950.

Art. 225-2 – La discrimination [...] est punie de trois ans d'emprisonnement et de 45 000 euros d'amende lorsqu'elle consiste :

1- À refuser la fourniture d'un bien ou d'un service [...].

3- À refuser d'embaucher, à sanctionner ou à licencier une personne [...].

D'après le Code pénal.

Vocabulaire

- **Discrimination** : fait de refuser des droits à une personne ou à un groupe de personnes, en raison de son appartenance religieuse, de son handicap, de son sexe... Cette attitude est punie par la loi.
- **Fraternité** : elle se manifeste par l'entraide et l'engagement, conformément à l'article 1er de la Déclaration universelle des droits de l'homme (1948) : « Tous les êtres humains naissent libres et égaux [...] ils doivent agir les uns envers les autres dans un esprit de fraternité ».

QUESTIONS

1 Doc 1. Pour chaque situation, je recherche sur l'affiche le critère de discrimination qui lui correspond et j'écris son nom.

J'ai 75 ans, on m'a refusé un crédit à la consommation. ....

En tant que femme, je gagne moins que mon collègue qui a le même emploi. ....

Je suis malentendant et on ne veut pas m'emmener en sortie scolaire. ....

Je vis seule avec mes deux enfants et on ne veut pas me louer d'appartement. ....

À mon retour de congé de maternité, mon entreprise m'a licenciée. ....

Nos voisins nous rejettent car nous n'avons pas la même religion qu'eux. ....

Je n'ai pas été embauché car je viens d'un quartier réputé difficile. ....

On a refusé de nous louer une salle pour notre mariage car nous sommes homosexuels. ....

2 Doc 2. Je souligne dans les extraits de loi les mots et groupes de mots qui indiquent pourquoi les discriminations sont à bannir.

3 Doc 1 et 2, Le savez-vous ? J'explique pourquoi et comment se protéger contre des attitudes de discrimination.

....

....

....

....

Auto-évaluation

J'ai compris ce qu'est une discrimination et pourquoi elle est punie par la loi.

☐ ☐ ☐

14 S'engager contre le racisme et l'antisémitisme

ON S'ENGAGE !

À l'occasion de la Semaine d'éducation et d'actions contre le racisme et l'antisémitisme au collège, vous réalisez, en groupe, une affiche sur le racisme ou l'antisémitisme, d'hier à aujourd'hui. Pour la réussir, prenez connaissance des documents, organisez votre travail et laissez parler votre créativité !

A Hier, de l'esclavage au racisme

1 En France, le Code noir (1685)

Le Code noir, écrit à la demande du roi Louis XIV, règlemente la condition des esclaves noirs dans les colonies du royaume de France (îles d'Amérique, de l'océan Indien, Guyane, Louisiane).

Art. 12 Les enfants qui naîtront des mariages entre esclaves seront esclaves et appartiendront aux maîtres.

Art. 28 Déclarons les esclaves ne pouvoir rien avoir qui ne soit à leurs maîtres.

Art. 33 L'esclave qui aura frappé son maître […] sera puni de mort.

Art. 38 L'esclave fugitif […] aura les oreilles coupées et sera marqué d'une fleur de lys sur une épaule ; s'il récidive […] il aura le jarret coupé, et il sera marqué d'une fleur de lys sur l'autre épaule ; et, la troisième fois, il sera puni de mort.

L'esclavage est définitivement aboli dans ces colonies en 1848.

Vocabulaire

- **Racisme** : attitude de ceux qui méprisent certaines personnes en raison de leur prétendue appartenance à une race.
- **Ségrégation raciale** : séparation organisée entre les Blancs et les Noirs (entre 1865 et 1964 aux États-Unis).

Biographie

Claudette Colvin (née en 1939)

Le 2 mars 1955, à Montgomery (Alabama) aux États-Unis, 9 mois avant Rosa Parks, Claudette Colvin, 15 ans, refuse de laisser sa place dans un bus à une passagère blanche comme le veut la loi de ségrégation raciale de son État. Elle est arrêtée et jugée. À Montgomery, depuis 2017, le 2 mars est le *Colvin Day*.

2 Un siècle de ségrégation aux États-Unis

Des élèves noirs américains quittant, sous escorte militaire imposée par le Président des États-Unis, la *Central High School* de Little Rock (Arkansas), face à l'hostilité de la population blanche (1957).

Info

Aux États-Unis, l'esclavage des Noirs est aboli dans les États du Sud en 1865. Mais ces États imposent, par des lois, une ségrégation raciale entre les Noirs et les Blancs. En 1954, elle est officiellement interdite dans les écoles publiques, à l'échelle des États-Unis, mais elle n'est pas appliquée dans les États du Sud. À Little Rock, vers 1960, moins de 1 % des enfants noirs étaient scolarisés.

Compétences
- S'engager au collège.
- Avoir le sens de l'intérêt général.

B Hier, l'antisémitisme pendant la Seconde Guerre mondiale

3 Le témoignage d'Anne Frank

Anne Frank était une jeune Allemande juive. En 1942, elle a 13 ans, elle rédige un journal intime et témoigne de l'antisémitisme nazi.

Les juifs doivent porter l'étoile jaune ; les juifs doivent rendre leurs vélos ; les juifs n'ont pas le droit de prendre le tram ; les juifs n'ont pas le droit de circuler en autobus, ni même dans une voiture particulière ; les juifs ne peuvent faire leurs courses que de trois heures à cinq heures, les juifs ne peuvent aller que chez un coiffeur juif ; les juifs n'ont pas le droit de sortir dans la rue de huit heures du soir à six heures du matin ; les juifs n'ont pas le droit de fréquenter les théâtres et les cinémas […] ; les juifs n'ont pas le droit d'aller à la piscine […] ; les juifs ne peuvent pratiquer aucune sorte de sport en public […] ; les juifs n'ont pas le droit d'entrer chez des chrétiens ; les juifs doivent fréquenter des écoles juives, et ainsi de suite. […] Jacque me disait toujours : « Je n'ose plus rien faire, j'ai peur que ce soit interdit. »

Le Journal d'Anne Frank © 1992, 2001, 2017, Calmann-Lévy, Paris (trad. : P. Noble et I. Rosselin).

Vocabulaire

- **Antisémitisme** : haine des juifs.
- **Génocide** : extermination programmée d'un peuple en raison de ses origines ou de sa religion. À ce titre, 5 à 6 millions de juifs d'Europe ont été exterminés par les nazis pendant la Seconde Guerre mondiale.

Biographie

Adélaïde Hautval (1906-1988)

Médecin-psychiatre protestante, elle est arrêtée en France en 1942 par la police allemande. Emprisonnée, elle proteste contre la manière dont sont traités les prisonniers juifs et épingle sur ses vêtements un brassard « Amie des juifs ». Déportée au centre de mise à mort de Birkenau, elle soigne les prisonnières juives et s'oppose aux expériences médicales du médecin nazi du camp.

4 La rafle des enfants d'Izieu

Plaque à la mémoire des enfants d'Izieu (Ain), apposé à Paris (13e arrondissement).

Le savez-vous ?

En 1940, la France est vaincue par l'Allemagne, et le nouveau gouvernement français, antirépublicain, impose le **statut des juifs**, qui les exclut de la société française. 320 000 juifs vivaient en France. 76 000 sont déportés dans les centres de mise à mort nazis en Europe orientale. Seuls 2 551 en reviennent en 1945, et parmi eux, aucun enfant.

C Aujourd'hui en France, se souvenir et agir

5 Ce que dit la loi

Art. 1 – Les hommes naissent et demeurent libres et égaux en droits.

Déclaration des droits de l'homme et du citoyen (1789).

Art. 32 – Sera punie d'un an d'emprisonnement et de 45 000 euros d'amende l'injure commise […] envers une personne ou un groupe de personnes en raison de leur origine ou de leur appartenance ou de leur non-appartenance à une ethnie, une nation, une race ou une religion déterminée, […] **Art. 24 bis** - ceux qui auront contesté […] l'existence d'un ou plusieurs crimes contre l'humanité.

Loi sur la liberté de la presse du 29 juillet 1881 modifiée par la loi du 13 juillet 1990 et par la loi du 21 mai 2001 (art. 24 bis).

Vocabulaire

• **Crime contre l'humanité** : acte inhumain commis contre des populations. En France, la loi du 21 mai 2001 a reconnu que la traite négrière et l'esclavage perpétrés à partir du XVe siècle constituent un crime contre l'humanité.

6 Se souvenir : le Mémorial ACTe

Le 10 mai 2015, le président de la République François Hollande inaugure à Pointe-à-Pitre (Guadeloupe) le Mémorial ACTe (Centre caribéen d'expressions et de mémoire de la traite et de l'esclavage).

7 Réagir contre l'antisémitisme

Vidéo
Les « pavés de la mémoire »

Rassemblement contre l'antisémitisme, place de la République (Paris), 2019.

8 Le football face au racisme

La rencontre de Ligue 1 entre Dijon et Amiens [du 12 avril 2019] a été interrompue plusieurs minutes en raison de cris racistes visant un joueur noir amiénois […]. Prince-Désir Gouano, victime d'insultes, [témoigne] : « *je sors le ballon en corner, puis je me retourne pour encourager mes équipiers. Là, j'ai entendu des cris de singe. Je me suis dit : "Ce n'est pas vrai, on est au XXIe siècle, on est en France" […]* ». Solidaires, les joueurs se sont arrêtés et certains, dont Prince-Désir Gouano sont allés échanger avec les supporters. L'arbitre Karim Abed a également demandé à la personne en charge des annonces dans le stade de faire « bien passer le message, que si ça se reproduit, on arrête ».

D'après le site france24.com, 13 avril 2019.

Le savez-vous ?

En France, les tombes des cimetières juifs sont de plus en plus fréquemment profanées (250 tombes à Sarre-Union (Bas-Rhin) en 2015, tags antisémites). En 2012, à Toulouse, 4 personnes juives, dont 3 enfants, ont été assassinés, victimes d'un acte de terrorisme antisémite.

NOTRE ENGAGEMENT

Réaliser en groupe une affiche contre le racisme ou contre l'antisémitisme

1 à l'oral Prenez connaissance des documents et exprimez-vous à l'oral : quelles sont vos réactions en découvrant ces documents ?

2 Avec l'aide de votre professeur, formez des groupes et répartissez-vous les deux sujets proposés : le **racisme d'hier à aujourd'hui** ou l'**antisémitisme d'hier à aujourd'hui**.

3 Commencez votre travail de groupe : recherchez dans les documents les informations qui vont vous permettre de construire votre affiche.

Coup de pouce

• Pour vous aider, classez vos arguments en vous aidant des deux listes ci-dessous.

HIER
Le racisme / l'antisémitisme :
- Quand ?
- Où ?
- Contre qui ?
- Par qui ?
- Comment ?

AUJOURD'HUI
Le racisme / l'antisémitisme a-t-il disparu ?
- Peut-on interdire le racisme / l'antisémitisme ?
- Se souvenir du passé peut-il mettre fin au racisme / à l'antisémitisme ?
- Comment peut-on s'engager contre le racisme / l'antisémitisme ?

4 Ensemble, choisissez un slogan, une action, un engagement que vous voulez représenter sur votre affiche.

Préparez votre affiche en groupe

Une affiche doit être lisible au premier coup d'œil : pensez aux illustrations, à la taille et au nombre d'informations.

Notre slogan !

Dans l'histoire…

....

....

Aujourd'hui, en France …

....

....

NOS ENGAGEMENTS / NOS ACTIONS

Vous pouvez réaliser un nuage de mots avec ceux qui sont les plus importants.
Ou répondre aux questions clés : Quand ? Qui ? Où ? Comment ?

Choisissez une action ou un fait et expliquez-le précisément : par des mots, des dessins, des collages, etc.

Et maintenant, réalisez votre affiche !

→ Vous pouvez utiliser les sites canva.com ou piktochart.com pour réaliser vos affiches au format numérique.

Auto-évaluation

J'ai compris que, pour lutter contre le racisme et l'antisémitisme, il faut se souvenir du passé et s'engager aujourd'hui.

☐ ☐ ☐

Débattre 15 L'égalité entre les femmes et les hommes est-elle réelle aujourd'hui ?

OBJECTIFS DE DÉVELOPPEMENT DURABLE

→ voir p. 81

1 Agir pour l'égalité professionnelle

Augusta Ada King, comtesse de Lovelace, reçut une éducation approfondie en mathématiques et en sciences, tout à fait inhabituelle dans la noblesse anglaise.
Affiche du centre Hubertine Auclert, 2018.

2 L'égalité femmes-hommes en chiffres (2019)

Part des femmes maires		Part des femmes ministres		Part des femmes députées	
10,8 %	19,8 %	15 %	50 %	26,9 %	38,8 %
2014	2020	2015	2020	2012	2017

INSEE

À l'antenne (radio et télévision), **50 %** sont des présentatrices.

Les **salaires des cadres hommes** sont **20 % plus élevés**, **7,9 %** pour les **employés**.

27,2 % des **dirigeants d'entreprise** sont des femmes mais seulement **10** femmes sont à la tête des **120 plus grandes entreprises françaises**.

89 % des victimes d'**injures sexistes** sont des femmes.

Ministère chargé de l'Égalité entre les femmes et les hommes, 2020

3 Lutter contre l'invisibilité des femmes

En cette Journée internationale des droits des femmes, en levant un peu les yeux, les Parisiens pourront s'étonner de voir leurs rues renommées. La rue d'Hautpoul s'est transformée en rue Malala Yousafzai[1] (Prix Nobel de la paix à 17 ans), [...] et l'avenue Simon-Bolivar a pris le nom de la magicienne Adelaïde Herrmann[2]. [...] En France, seuls 2 % des rues portent le nom d'une femme. [...] « L'idée est que les gens voient des noms de femmes dans leur quotidien. [...] Les noms de rue, c'est ce qu'on décide de mettre en valeur [...]. On espère que les gens se demanderont qui sont ces femmes et feront des recherches sur elles. »

M. Thomas, « À Paris, des rues rebaptisées par un collectif féministe », *Libération*, 8 mars 2019.

1. Militante pakistanaise pour la scolarisation des filles.
2. Illusionniste britannique (1853-1932) méconnue, habillée en homme pour ne pas choquer le public.

4 Et toujours des préjugés sexistes

Vidéo Comprendre les préjugés sexistes

Les femmes sont nulles en bricolage !

Les filles sont douces et gentilles.

Les garçons ont besoin de bouger tout le temps.

Les hommes ne sont pas doués pour s'occuper des enfants.

Vocabulaire

- **Parité** : répartition égale des fonctions politiques entre les femmes et les hommes (loi du 6 juin 2000).
- **Préjugé** : jugement prématuré, qui conduit à des idées fausses.
- **Sexisme** : comportement de ceux qui considèrent que les femmes sont inférieures aux hommes.

Compétences
- Je comprends les valeurs de notre société.
- Je suis capable d'argumenter.

ÉTAPE 1 J'analyse le thème du débat

1 Je lis la question du débat : qu'est-ce que j'en pense ?

....

2 Je prends connaissance de chaque document. Je souligne en rouge les avancées pour l'égalité entre les hommes et les femmes ; en bleu les progrès qui restent à réaliser pour atteindre l'égalité entre les hommes et les femmes.

ÉTAPE 2 Je participe au débat en classe

3 **L'égalité entre les femmes et les hommes est-elle réelle aujourd'hui ?**

a. Avant le débat : dans le tableau, en prenant appui sur les documents et sur mon expérience, je note mes arguments.

b. Pendant le débat : je note les arguments des autres élèves.

c. Après le débat : j'entoure les arguments avec lesquels je suis d'accord.

	L'égalité entre les femmes et les hommes est réelle car…	L'égalité entre les femmes et les hommes n'est pas encore réelle car…
Mes arguments	....	....
Les arguments des autres élèves	....	....

ÉTAPE 3 Ce que je retiens du débat

4 • À la suite du débat en classe, je rédige quelques phrases qui expriment de manière responsable mon point de vue sur l'égalité entre femmes et hommes dans la société française.

....

....

....

....

....

• Ai-je changé d'avis après le débat ? Je justifie mon point de vue.

....

....

....

Auto-évaluation

Je suis capable de donner plusieurs arguments pour justifier mon point de vue sur l'égalité entre les femmes et les hommes.

☐ ☐ ☐

J'enquête 16 Pourquoi l'homophobie est-elle une discrimination ?

Que dois-je faire ? En 2019, l'Éducation nationale a lancé une campagne d'information et de prévention contre l'homophobie. À l'aide des documents, je montre pourquoi l'homophobie est une discrimination punie par la loi.

1 Non à l'homophobie au collège

Vidéo Le témoignage d'Estelle

Affiche du ministère de l'Éducation nationale, de la Jeunesse et des Sports, 2020.

Vocabulaire

- **Homophobie** : sentiment ou manifestation de rejet, de mépris ou de haine envers les personnes homosexuelles et envers l'homosexualité.
- **Homosexualité** : orientation sexuelle des personnes qui éprouvent une attirance pour les personnes du même sexe.
- **Transgenre** : personne dont le sentiment d'être une femme ou un homme est distinct du sexe biologique établi à sa naissance.

QUESTIONS

1 Doc 1. • Je souligne en rouge les mots du texte qui montrent que l'homophobie et la transphobie sont des discriminations.
Je souligne en bleu les attitudes à adopter au collège pour lutter contre ces discriminations.

• Je relève les verbes qui indiquent quelles attitudes adopter au collège contre ces discriminations.

....

....

Nathan live!

Compétences
- Accepter les différences
- Faire preuve de discernement.

2 Pour chacun, une identité plurielle

Affiche de SOS Homophobie, 2020.

3 Ce que dit la loi

Art. 20 – Toutes les personnes sont égales en droit.

Art. 21.1 – Est interdite toute discrimination fondée notamment sur le sexe, la race, la couleur, les origines ethniques ou sociales, […] un handicap, l'âge ou l'orientation sexuelle.

Charte des droits fondamentaux de l'Union européenne, 2000.

QUESTIONS

2 Doc 2. J'exprime mon point de vue : selon moi, quel est le message de cette affiche au sujet de l'identité plurielle de Sofiane ?

....

....

....

....

3 Doc 2 et 3. à l'oral J'argumente : comment la loi défend-elle le droit à l'égalité des identités de chacun ?

Ce que j'ai appris

Je réalise un nuage de mots qui explique pourquoi et comment je peux agir au collège contre l'homophobie.

Victime ou témoin, je peux aider ou être aidé :
- Les adultes du collège qui peuvent intervenir :

....

- Les sites et les numéros utiles :

....

- Les démarches en cas de discrimination :

....

Auto-évaluation

J'ai compris que chacun a le droit d'avoir sa propre identité plurielle et que je dois la respecter au nom de l'égalité de tous.

☐ ☐ ☐

Je retiens Lutter contre les discriminations

A Les discriminations, un obstacle à l'égalité

• Aujourd'hui encore, nombreuses sont les personnes victimes de **discriminations** liées à l'origine, à la religion (**racisme**, **antisémitisme**), au handicap, à l'âge, au sexe ou à l'orientation sexuelle (**homophobie**). Ces discriminations se manifestent à l'école, au travail, dans la vie quotidienne.

• Fondées sur des **préjugés**, sources de violences, les discriminations remettent en cause les principes d'égalité et de justice de notre société. Leurs auteurs sont punis par les juges, en application de la loi.

B S'engager contre les discriminations

• La Constitution de la Ve République (1958) accorde aux femmes les mêmes droits qu'aux hommes. Dans les faits, si les femmes sont plus nombreuses à la tête de mairies ou d'entreprises et que les écarts de salaires avec ceux des hommes se réduisent, l'égalité n'est pas encore atteinte. Les femmes demeurent encore victimes de **sexisme** et de violences.

• Pour lutter contre les discriminations, la loi ne suffit pas. Le Défenseur des droits et des associations aident les victimes. Mais surtout, les mentalités doivent évoluer car les différences ne sont pas des inégalités. Chacun doit les accepter et les reconnaître, au quotidien, au nom de l'égalité et du respect de tous.

Les mots importants

- **Antisémitisme** : haine des juifs.
- **Discrimination** : fait de refuser des droits à une personne ou à un groupe de personnes, en raison de son appartenance religieuse, de son handicap, de son sexe… Cette attitude est punie par la loi.
- **Homophobie** : sentiment ou manifestation de rejet, de mépris ou de haine envers les personnes homosexuelles et envers l'homosexualité.
- **Préjugé** : jugement prématuré, qui conduit à des idées fausses.
- **Racisme** : attitude de ceux qui méprisent certaines personnes en raison de leur prétendue appartenance à une race.
- **Sexisme** : comportement de ceux qui considèrent que les femmes sont inférieures aux hommes.

Les Valeurs de la République

▶ Égalité

L'article 1er de la Déclaration des droits de l'homme et du citoyen (1789) proclame : « Les êtres humains naissent et demeurent libres et égaux en droits ». C'est pourquoi les discriminations sont punies par la loi.

Je révise chez moi

Je connais l'essentiel

- ✔ **Quels sont les critères de discrimination ?** J'en souligne cinq.
- ✔ **À quelles valeurs de la République les discriminations portent-elles atteinte ?** J'entoure les mots-clés.
- ✔ **La loi punit les discriminations mais que faut-il changer aussi ? Qui peut agir ?** J'encadre les mots clés.

Je sais définir et utiliser dans une phrase

- ✔ **Discrimination et Défenseur des droits**
- ✔ **Préjugés et différences**
- ✔ **Égalité entre les femmes et les hommes**

Entraîne-toi à l'aide des exercices numériques !

EXO Exercices interactifs

Exercices

1 J'identifie le rôle du Défenseur des droits

....

....

....

....

1. Je nomme le mot-clé de ma leçon qui caractérise ces quatre situations : ....
2. Je me rends sur www.defenseurdesdroits.fr et je cherche son rôle face à ces situations.

....

....

3. Sous chaque situation, je précise de quoi est victime la personne qui s'exprime.

2 Je sais distinguer discrimination et différence

J'entoure les phrases en rouge si c'est une discrimination et en vert si c'est une prise en compte de la différence.

- Un propriétaire refuse de louer son appartement à un couple dont le nom est d'origine étrangère.
- L'entraîneur fait passer Axelle Martin dans l'équipe la plus forte mais pas Atsuko Ly car elle n'a pas le niveau requis.
- Les familles nombreuses bénéficient d'un tarif réduit dans les musées.
- À diplôme et à poste égal, les femmes demeurent moins payées que les hommes.
- Un crédit immobilier a été refusé à M. Martin qui lutte contre un cancer.
- En cours, Zoé est accompagnée d'une AESH car elle est malvoyante.

ON EN DISCUTE

17 Être responsable pour le développement durable, qu'est-ce que ça veut dire ?

Pour commencer

Les impacts du changement climatique d'ici 2050

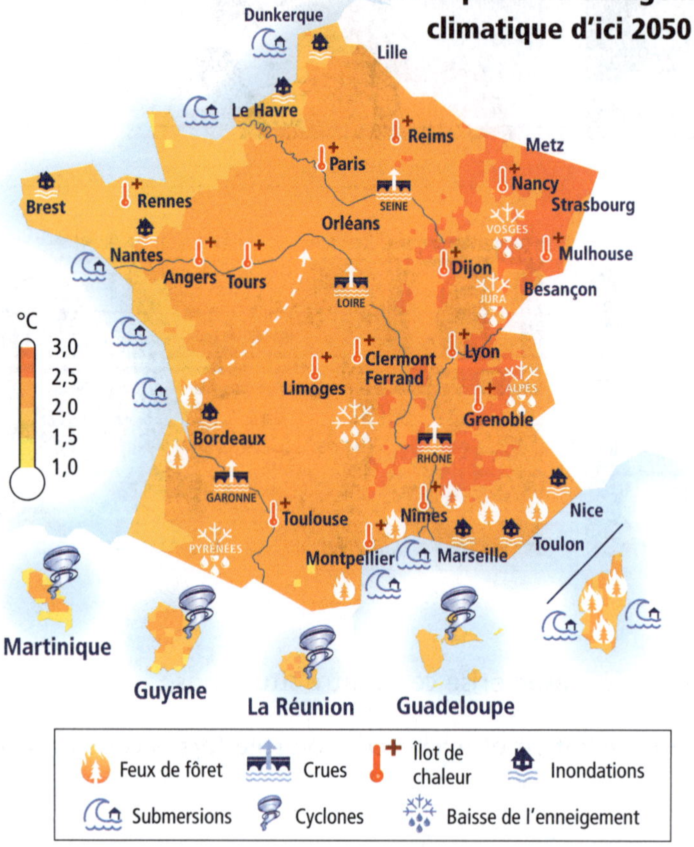

ADEME (Agence française de la transition écologique).

L'origine des gaz à effet de serre (GES) dans le monde

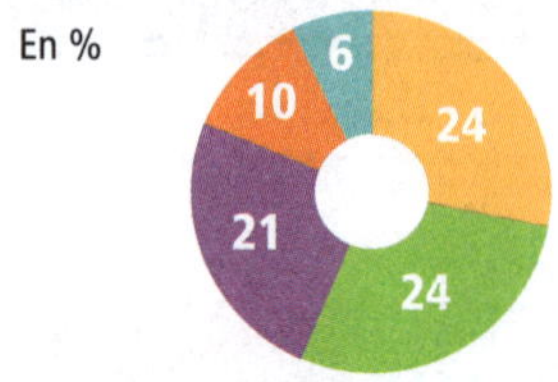

- Production de chaleur (charbon, pétrole, gaz, électricité)
- Élevage, cultures, sols, déforestation
- Industrie
- Autres productions d'énergie
- Bâtiments

GIEC, 2019.

D'ici **2050**, il faudra l'équivalent de **trois planètes Terre** pour maintenir notre mode de vie actuel.

1/3 de la **production alimentaire mondiale** est **gaspillée**.

90 % des habitants urbains **respirent un air pollué.**

Objectifs de développement durable de l'ONU.

1 NOS PREMIÈRES RÉACTIONS

Nos émotions face à ces faits. Pourquoi ?

Mes émotions	Les émotions des autres
....	....
....	....
....	....
....	....

Coup de pouce
- Aidez-vous de la roue des émotions p. 4

Nous discutons à deux, en groupes ou en classe entière.

→ Nous réfléchissons autour du mot « **responsable** ».

Que veut dire ce mot au sujet de notre comportement face à l'environnement ?

....

....

Coup de pouce
- Que dit le dictionnaire au sujet de ce mot ?
- Quelle relation y a-t-il entre les mots « responsable » et « développement durable » ?

Compétences
- Être responsable pour l'environnement.
- Développer une conscience civique.

2 NOS ARGUMENTS

« Être responsable pour le développement durable, qu'est-ce que ça veut dire ? »

1. à l'oral **Être responsable pour le développement durable, est-ce accepter de vivre dans l'environnement présenté dans les documents ?**

→ Devons-nous accepter les impacts du changement climatique sur le monde dans lequel nous vivons car nous ne pouvons pas les empêcher ? ❑ oui ❑ non

→ Le développement durable, est-ce la responsabilité de l'humanité de demain et pas la nôtre ? ❑ oui ❑ non

→ Être responsable pour le développement durable, est-ce que cela nous concerne tous ? ❑ oui ❑ non

2. Comment agir aujourd'hui de manière responsable (gestes du quotidien, actions collectives…) pour le développement durable de l'humanité et de la planète Terre ?

Coup de pouce
- Je réponds de manière argumentée aux questions posées.
- J'utilise les mots : **responsable/irresponsable, environnement/pollution, société, développement durable…**

Bilan de la discussion

En groupe, nous préparons une courte plaidoirie sur le thème « Pourquoi s'engager pour le développement durable ? »

J'écris quelques phrases qui présentent nos arguments.

-
-

Top chrono ! En 1 minute, un membre du groupe expose nos arguments avec conviction.

Interview de
Bettina Laville, Présidente du Comité 21

→ Que m'apprend cette interview ?

Auto-évaluation

J'ai su faire preuve de réflexion critique.

❑ ❑ ❑

Repères 18 L'État et la sécurité intérieure

1 La sécurité civile : protéger contre les risques majeurs

Vidéo : Qu'est-ce que le plan ORSEC ?

ÉTAT

Premier ministre

Le ministre de l'Intérieur
Directeur général de la Sécurité civile et de la gestion de crises

DÉPARTEMENT

Le ....

Il mobilise des moyens à l'échelle du département et des communes :

- .... et ....
- .... du département
- ....
- ....
- Services de l'équipement
- Services publics (téléphone, électricité, météo…)
- Associations de secouristes (Croix-Rouge…)

COMMUNE

Le ....

Il coordonne la cellule de crise communale :

- .... de la commune
- **Services techniques** communaux
- **Réserve communale** de sécurité civile (habitants volontaires)

DISPOSITIFS

Plan de Prévention des Risques (PPR)

Plan ....

- ....
  ....
- ....
  ....
- ....
  graves et
  ....

....
....
(PCS)

- Protection des **habitants** et des **biens**
- **Évacuation** et **hébergement** des personnes
- Distribution d'**eau**, de **nourriture**…

2 Ce que dit la loi

Art. L111-1 – La sécurité est un droit fondamental […]. L'État a le devoir d'assurer la sécurité en veillant […] au respect des lois, au maintien de la paix et de l'ordre public, à la protection des personnes et des biens.

Art. L.112-1 – La sécurité civile a pour objet la prévention des risques de toute nature, l'information et l'alerte des populations ainsi que la protection des personnes, des biens et de l'environnement contre les accidents, les sinistres et les catastrophes.

Code de la Sécurité intérieure.

Le savez-vous ?

Le **plan Vigipirate** est un outil de lutte contre le terrorisme. Il associe l'État, les collectivités territoriales, les entreprises et les citoyens dans une démarche de vigilance, de prévention et de protection (patrouilles de militaires et de membres de la force publique, policiers et gendarmes…).

Compétences
- Avoir le sens de l'intérêt général.
- Être responsable envers autrui.

QUESTIONS

1 **Le savez-vous ?** et **doc 2.** Je souligne en bleu les mots et groupes de mots qui définissent le rôle de l'État dans la sécurité du territoire.

2 **Doc 2.** Je souligne en rouge dans l'extrait du Code de la Sécurité intérieure les différentes missions de la sécurité civile.

3 **Doc 1.** Je regarde la vidéo en lien avec le document et je complète le schéma de l'organisation des secours par la sécurité civile, à l'aide des mots suivants :

maire | ORSEC | sapeurs-pompiers | catastrophes naturelles | SAMU | attentats | catastrophes technologiques | accidents | policiers | gendarmes | Armée | Plan communal de sauvegarde | Préfet

Vocabulaire

- **Force publique** : ensemble de personnes chargées par l'État du maintien de l'ordre et de la protection des personnes face aux menaces (délinquance, terrorisme, trafic de stupéfiants, insécurité routière, accidents majeurs...).
- **Plan ORSEC** : Organisation de la Réponse de Sécurité Civile. En cas de catastrophe majeure, dispositif d'organisation des secours sous l'autorité du préfet du département.
- **Plan de Prévention des Risques (PPR)** : document rédigé par l'État qui identifie les zones géographiques soumises à des risques naturels et/ou technologiques, et définit les mesures pour réduire les risques encourus.
- **Préfet** : représentant de l'État dans les régions et les départements.
- **Risques majeurs** : risques naturels, technologiques, sanitaires, terroristes.
- **Sécurité civile** : ensemble des services publics de secours.

4 **Le savez-vous ?** et **doc 1, 2.** Je complète le tableau avec les noms des acteurs qui ont en charge la sécurité du territoire et j'indique leurs missions.

Qui décide ?	Quelles missions de sécurité ?	Qui intervient sur le terrain ?
....	....	....
....	....	....
....	....	....
....	....	....
....	....	....
....	....	....
....	....	....
....	....	....

5 Je rédige quelques phrases qui montrent que l'État agit de manière responsable pour la sécurité intérieure.

....

....

....

....

Auto-évaluation

J'ai compris ce que signifie être responsable envers autrui.

☐ ☐ ☐

J'agis 19

Tous acteurs de la sécurité collective : comment ? pourquoi ?

MA MISSION

Lors des Journées annuelles de l'engagement, ma classe a rencontré des personnes qui donnent de leur temps pour la sécurité de tous. À l'aide des documents, je rédige une page pour le journal du collège qui explique comment et pourquoi chacun peut agir pour la sécurité collective.

1 Ce que dit la loi

Art. L.721-1 – Toute personne concourt par son comportement à la sécurité civile.

Code de la Sécurité intérieure.

2 S'engager dans la protection civile

L'association regroupe 32 000 bénévoles qui interviennent aux côtés des services de la sécurité civile sur tous les lieux où le besoin les appelle.

Le savez-vous ?

Dès l'âge de 11 ans, les filles et les garçons peuvent devenir **jeunes sapeurs-pompiers (JSP)**. Ils suivent une formation tout au long de l'année scolaire, le mercredi et le samedi, apprennent les gestes qui sauvent, participent à des manœuvres et partagent des valeurs de solidarité et de civisme.

3 La sécurité, un engagement au quotidien

Affiche du ministère de la Transition écologique, 2019.

4 Devenir sapeur-pompier volontaire

Vidéo et script

Nord Info, 16 octobre 2020.

Compétences
- Se sentir membre d'une collectivité.
- Être responsable envers autrui.

QUESTIONS

1 **Le savez-vous ?** et **doc 2 et 4.** Dans le tableau, je compare l'engagement des personnes citées dans les documents.

	Quel est leur engagement ?	Comment agissent-elles pour la sécurité ?	Pourquoi se sont-elles engagées ?
Doc 3	....	....	....
Doc 4	....	....	....
Le savez-vous ?	....	....	....

2 **Doc 1 et 3.** J'explique pourquoi cette affiche illustre l'article du Code de la Sécurité intérieure.

....

....

....

J'ACCOMPLIS MA MISSION

Je rédige une page pour le journal du collège qui explique comment et pourquoi chacun doit agir pour la sécurité collective.

Je commence par classer les informations : qui ? comment ? où ? pourquoi ?

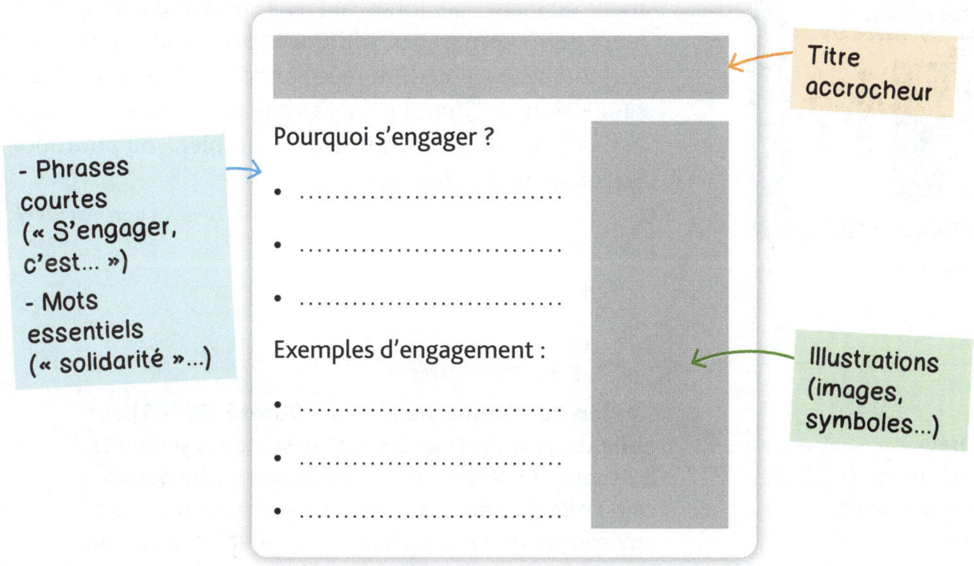

Auto-évaluation

J'ai compris que s'engager pour la sécurité collective, c'est se protéger et protéger les autres.

J'agis 20

Comment s'engager pour la sécurité au collège ?

MA MISSION

Afin de rendre les élèves responsables de leur sécurité au collège, je participe, en tant que délégué(e) de classe à la réalisation d'un livret qui leur sera distribué. Il présentera, dans le cadre du PPMS, les attitudes à adopter pour se mettre en sûreté en cas d'accident majeur.

1 Ce que dit la loi

Art. L312-13-1 – Tout élève bénéficie, dans le cadre de sa scolarité obligatoire, d'une sensibilisation à la prévention des risques et aux missions des services de secours ainsi que d'un apprentissage des gestes élémentaires de premier secours.

Code de la Sécurité intérieure.

2 Adopter un comportement réflexe de sauvegarde

Lors d'une alerte incendie.

3 Anticiper : le PPMS « Intrusion-Attentat »

11 h 08 – Le SMS du principal vient d'arriver sur le portable de la professeure d'anglais, en classe de 6e E. Après un coup d'œil à l'extérieur de la classe, elle condamne l'issue. Les collégiens proches des fenêtres baissent les stores. Puis tout le monde se tapit au sol sous les tables. En moins de trente secondes, la classe est plongée dans l'obscurité, le silence et l'attente […]. Collégiens et professeurs ont été alertés et sensibilisés en amont. Le scénario ? Deux personnes se sont introduites dans l'établissement. […]
11 h 31 – Des coups sourds à la porte de la classe : « C'est le Principal ! Je suis blessé ! Ouvrez-moi ! » Personne ne bouge.

11 h 41 – Un nouveau SMS siffle le retour à la normale.

L'Écho républicain, 14 novembre 2017.

4 Devenir « Cadets de la sécurité civile »

Au collège Albert-Camus de Bruay-la-Buissière (Pas-de-Calais), 15 cadets volontaires de 5e, encadrés par un pompier professionnel, reçoivent une formation aux gestes premiers secours, et d'assistant lors d'alertes incendies.

Amandine : « J'ai toujours voulu porter secours, et je veux aussi devenir jeune sapeur-pompier ». Jarod : « J'aime savoir comment agir en cas de feu, de tremblement de terre » […]. Les cadets « servent d'exemple » à leurs petits camarades, indique la principale du collège. […] Évane, en 4e et diplômée l'année dernière, poursuit sa mission : « Quand il y a des bagarres dans la cour, je peux expliquer pourquoi ce n'est pas bien ; ou pourquoi il faut se ranger dans les couloirs. »

La Voix du Nord, 24 novembre 2019.

Vocabulaire

- **Risques majeurs** : risques naturels (inondation, tremblement de terre, tempête…), technologiques (explosion d'usine, accident nucléaire,…), sanitaires (épidémie), menaces terroristes.

Le savez-vous ?

Le **Plan Particulier de Mise en Sûreté (PPMS)** est obligatoire dans tous les établissements scolaires. Il permet de réagir face à une catastrophe pouvant causer de graves dommages humains, matériels et environnementaux (incendie, inondation, accident chimique, attentat…).

Compétences
- Se sentir membre d'une collectivité.
- S'informer de manière rigoureuse.

QUESTIONS

1 Doc 1. Je souligne dans l'extrait de loi les mots et groupes de mots qui indiquent pourquoi chaque collégien est capable d'agir pour la sécurité au collège.

2 Doc 2. Je complète les étapes de l'évacuation « Alerte-Incendie » en reportant sur chacune d'elles le numéro du geste de sécurité qui lui correspond :

1 Ne prenez pas vos affaires personnelles.
2 Ne revenez pas en arrière.
3 Baissez-vous ; l'air respirable est près du sol.
4 Évacuez dans le calme.
5 Au point de ralliement, attendez l'ordre de vous disperser.
6 Le professeur vérifie la fermeture des fenêtres et des portes.
7 Un responsable de classe vous guide.

3 Doc 3 et 4. J'encadre les attitudes responsables des élèves au cours de l'exercice « Intrusion-Attentat » et lors de la formation des cadets de la sécurité civile.

4 Doc 4. Je nomme les valeurs de la République au nom desquelles s'engagent ces cadets de la sécurité civile, et je justifie mes choix.

....

....

J'ACCOMPLIS MA MISSION

Je réalise le livret « Face aux risques, tous responsables ! »

- Je choisis un titre pour la couverture (page 1) :

....

....

- Je plie une page au format paysage en trois parties et je les complète.

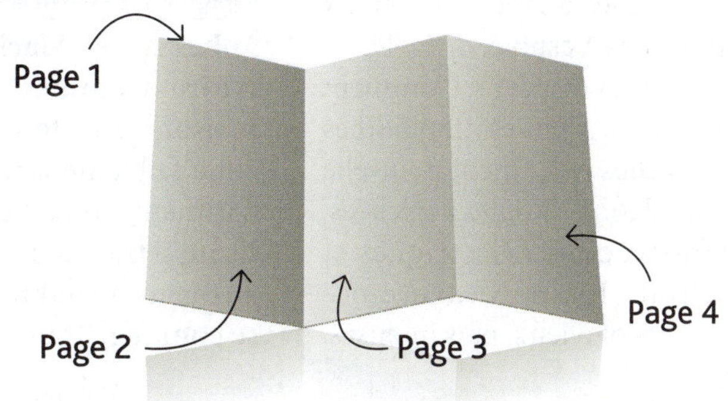

Les risques majeurs inscrits dans le PPMS de mon collège	Mes gestes responsables en cas d'accident majeur	Les gestes à ne jamais faire en cas d'accident majeur
•	•	• ....
....	....	....
•	•	• ....
....	....	....
•	•	• ....
....	•	....

- Je n'oublie pas d'illustrer avec des dessins, pictos, images...

Auto-évaluation

J'ai pris conscience de la nécessité de participer activement à la sécurité de la vie commune au collège.

☐ ☐ ☐

J'enquête 21

Face à un accident majeur, quels comportements responsables ?

Que dois-je faire ?

L'accident majeur, en raison de sa gravité, porte atteinte aux populations, à leur environnement, à leurs biens. À partir des informations des documents et des risques majeurs dans ma commune, je réalise un exposé qui présente les responsabilités des personnes confrontées à un accident majeur.

1 La tempête Alex dans les Alpes-Maritimes (octobre 2020)

Vidéo – Les images de la tempête

Prévenir la tempête

2 octobre matin. Le département est placé en vigilance rouge « pluie-inondation » par Météo France. La SNCF stoppe ses trains. La préfecture et les entreprises renvoient leurs employés chez eux, pour éviter d'engorger les routes. Les écoles ferment. EDF met ses barrages en sécurité. Le préfet demande aux maires des communes de la Vésubie, de la Tinée et de la Roya, les trois vallées les plus menacées, d'activer le plan de sauvegarde communal. À Saint-Martin-Vésubie, la plupart des habitants qui vivent sur les berges du fleuve se mettent à l'abri. À Breil-sur-Roya, le maire fait sonner la sirène et un message est diffusé par haut-parleur : « Ne sortez pas. Fermez vos fenêtres et vos volets. »

Trois semaines après la tempête, les secours sont toujours présents.

Les dégâts causés par la tempête

Une semaine après les pluies torrentielles et six mètres de crue, les vallées de la Vésubie, de la Tinée et de la Roya comptent encore les disparus. Comment une région pourtant habituée aux pluies diluviennes d'automne et aux crues qu'elles entraînent peut-elle offrir un tel spectacle de désolation ? Routes arrachées, maisons dévastées, infrastructures électriques et réseaux d'eau potable détruits. La mer Méditerranée se réchauffe, et les événements pluvieux, plus intenses, doublent en fréquence.

Après la tempête, reconstruire

Les Alpes-Maritimes doivent à présent reconstruire. Comment s'y prendre ? Ne pas refaire une maison détruite sur son emplacement d'origine. En zone faiblement inondable, rebâtir en surélevant le bâtiment, en installant des zones refuge aux étages. Et aussi transmettre les gestes qui sauvent, expliquer aux gens quand ils doivent évacuer, ou au contraire se confiner. Tout cela s'apprend.

QUESTIONS

1 Doc 1. Je complète le tableau en mettant en relation les acteurs officiels, les populations, les décisions prises avant, pendant et après la tempête Alex.

Avant Les acteurs	Pendant Les décisions prises	Après La reconstruction
....	....	....
....	....	....
....	....	....
	....	....

 Nathan live!

Compétences
- Respecter les règles.
- Être responsable envers soi-même et envers autrui.

2 Ce que dit la loi

Art. L.125-2 – Les citoyens ont droit à une information sur les risques majeurs auxquels ils sont soumis et sur les mesures de sauvegarde qui les concernent.

Art. R125-11 – L'information donnée au public sur les risques majeurs comprend la description des risques et de leurs conséquences prévisibles pour les personnes, les biens et l'environnement, ainsi que l'exposé des mesures de prévention et de sauvegarde prévues pour limiter leurs effets. Cette information est consignée [...] dans un document d'information communal sur les risques majeurs (DICRIM) établi par le maire [...].

Code de l'environnement.

3 Un DICRIM dans toutes les communes

DICRIM de la ville de Redon (Ile-et-Vilaine), 2014.

QUESTIONS

2 Doc 2. J'encadre le nom des personnes à qui s'adresse ces articles du Code de l'environnement.

3 Doc 2 et 3. J'explique pourquoi connaître le DICRIM de sa commune est une attitude responsable.

....

....

....

....

....

4 Je consulte le DICRIM de ma commune et me rends sur le site www.georisques.gouv.fr :
- Je nomme les risques majeurs qui menacent ma commune.
- Je prends des notes au brouillon : je cite quelques mesures de protection des habitants en cas d'accident majeur.

Ce que j'ai appris

Je prépare mon exposé : face à un accident majeur, quels sont les comportements responsables ?

- **Je prépare le plan de mon exposé :**
  I. Prévention
  II. Protection
  III. Reconstruction
- **Je liste les contenus de mon exposé :**
  Description de l'accident choisi, acteurs concernés, etc.
- **Je relis mes notes puis présente, en 5 min, mon exposé à la classe.**

Auto-évaluation

J'ai compris qu'agir face aux risques majeurs est une responsabilité partagée.

☐ ☐ ☐

Débattre 22

Protéger contre les risques sanitaires, est-ce l'affaire de l'État ou de chacun ?

1 Des vaccins obligatoires

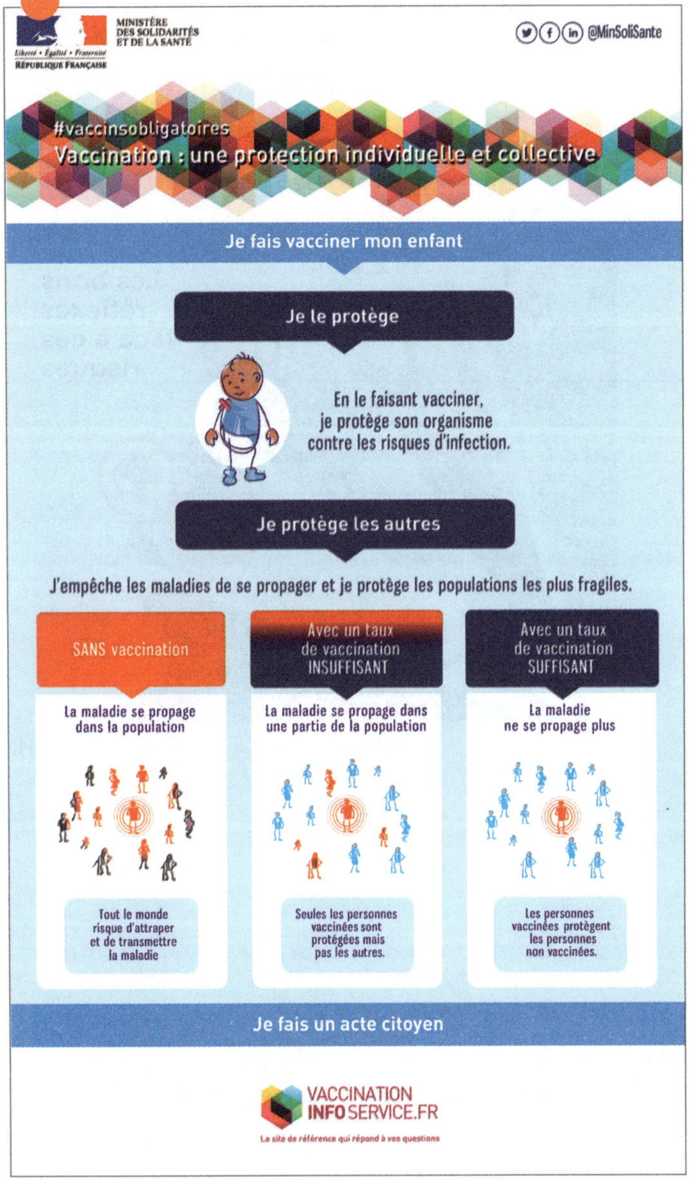

Affiche du ministère des Solidarités et de la Santé, 2017.

Le savez-vous ?

En France, **11 vaccins sont obligatoires** (diphtéries, tétanos, poliomyélite, et plus récemment oreillons, rubéole...). Selon le Code de la santé publique, les parents qui ne font pas vacciner leurs enfants sont passibles de 6 mois d'emprisonnement et 3 750 euros d'amende.

2 Attitudes face à l'épidémie de la COVID-19

Je respecte les gestes barrières car je ne veux pas contaminer les autres ! — Justine, 35 ans

Pierre, 60 ans — La France est le pays de la liberté. Je refuse de porter un masque !

À mon âge, je ne risque rien. Je continue à voir tous mes amis. — Mei, 17 ans

Malik, 13 ans — On n'a plus le droit de jouer au ballon dans la cour du collège, tant pis !

3 Agir contre le « moustique tigre »

Vidéo
Ces virus qui font des ravages outre-mer

Les élus du François (Martinique) ont mené une action « coup de poing contre la dengue[1] » pour identifier et détruire les gîtes à moustiques. Une cinquantaine d'agents municipaux de la brigade jaune du service démoustification sont passés dans les quartiers, mais globalement les gens respectent les consignes de protection (destruction des gîtes larvaires dans les eaux stagnantes au domicile et autour, protection individuelle avec des répulsifs, utilisation de moustiquaires, de raquettes électriques). Depuis le début de l'épidémie (décembre 2019), 28 000 cas ont été enregistrés, parmi lesquels de nombreux enfants. L'épidémie se poursuit activement dans presque toutes les communes de l'île.

francetvinfo.fr, 29 octobre 2020.

1. Maladie, comme le chikungunya ou Zika, transmise par la piqûre du moustique *Aedes*. Elle sévit dans les régions tropicales. Avec le changement climatique, le moustique est aujourd'hui présent en Europe.

Info

L'état d'urgence sanitaire est une mesure exceptionnelle pouvant être décidée en Conseil des ministres en cas de **catastrophe sanitaire** mettant en péril la santé de la population. Elle autorise le Premier ministre à prendre des mesures limitant la liberté d'aller et venir, la liberté de réunion [...]. Face à l'épidémie de la COVID-19, la violation de ces interdictions est punie d'une amende [...].

vie-publique.fr

Compétences
- Respecter les règles communes.
- Être capable de discernement.

ÉTAPE 1 J'analyse le thème du débat

1 Je définis les risques sanitaires évoqués dans les documents.

2 Dans les documents, j'entoure en bleu les groupes de mots qui correspondent à l'attitude de l'État face aux épidémies, et en rouge ceux qui correspondent à des attitudes individuelles.

ÉTAPE 2 Je participe au débat en classe

3 **Protéger contre les risques sanitaires, est-ce l'affaire de l'État ou de chacun ?**

a. **Avant le débat :** j'écris mes arguments dans le tableau.

b. **Pendant le débat :** je note les arguments des autres élèves.

c. **Après le débat :** j'entoure les arguments avec lesquels je suis finalement d'accord.

	C'est à l'État d'agir ?	C'est à nous d'agir ?
Mes arguments		
Les arguments des autres élèves		

ÉTAPE 3 Ce que je retiens du débat

4 • À la suite du débat, j'exprime mon point de vue : lutter contre les épidémies, est-ce l'affaire de l'État ou l'affaire de tous ?

• Ai-je changé d'avis après le débat ? Pourquoi ?

Auto-évaluation

J'ai compris que se protéger contre les épidémies est une responsabilité individuelle et collective.

Je retiens Responsables pour la sécurité collective

A La sécurité collective : le rôle de l'État

• Parce que la **sécurité** est un **droit**, l'État a le devoir de protéger les personnes et les biens par l'intermédiaire de la **force publique** (police nationale, gendarmerie) : lutte contre la délinquance, **plan Vigipirate** face aux menaces terroristes…

• L'État et les collectivités territoriales (régions, départements, communes) ont mis en place des **dispositifs de prévention** face aux **risques majeurs** naturels, technologiques, sanitaires. En cas de catastrophe, la **sécurité civile** (pompiers, SAMU, gendarmes, policiers…) intervient pour porter secours. Son action est coordonnée par le **préfet** qui peut déclencher le **plan ORSEC**.

B La sécurité collective : l'affaire de tous

• Chacun a le **devoir** de participer à la **sécurité collective** en respectant les consignes officielles de prudence. Au collège, dans le cadre du **PPMS**, des exercices de **prévention** apprennent à se protéger face aux risques et aux menaces. Dans leur commune, les habitants doivent prendre connaissance du **DICRIM** établi par le maire.

• Contribuer à la **sécurité collective** est aussi un **engagement personnel**. Devenir pompier volontaire dès 11 ans, secouriste de la **protection civile**, assistant de sécurité au collège (ASSEC) est un **acte de solidarité**.

Les mots importants

• **Force publique** : ensemble de personnes chargées par l'État du maintien de l'ordre et de la protection des personnes face aux menaces (délinquance, terrorisme, trafic de stupéfiants, insécurité routière, accidents majeurs…).

• **Plan ORSEC** : Organisation de la Réponse de Sécurité Civile. En cas de catastrophe majeure, dispositif d'organisation des secours sous l'autorité du préfet du département.

• **Protection civile** : association dont les membres bénévoles assurent des missions de sécurité.

• **Risques majeurs** : risques naturels (inondation, tremblement de terre, tempête…), technologiques (explosion d'usine, accident nucléaire,…), sanitaires (épidémie), menaces terroristes.

• **Sécurité civile** : ensemble des services publics de secours.

Les Valeurs de la République

▶ Engagement
Acte par lequel une personne décide d'agir pour bien vivre ensemble, dans un esprit d'entraide qui s'appelle la fraternité, la solidarité.

Je révise chez moi

Je connais l'essentiel

- ✔ **Qu'est-ce que la force publique ?** Je souligne en rouge les mots qui la définissent.
- ✔ **Qu'est-ce que la sécurité civile ?** J'entoure un mot qui déclenche son intervention, et trois des acteurs qui la caractérisent.
- ✔ **Comment chacun peut-il se protéger face aux risques et aux menaces ?** Je souligne en bleu le nom des deux documents qui informent à ce sujet au collège et dans la commune.

Je sais définir et utiliser dans une phrase

- ✔ **Plan ORSEC**
- ✔ **Plan Vigipirate**
- ✔ **Sécurité collective**

Entraîne-toi à l'aide des exercices numériques !

EXO Exercices interactifs

Exercices

1 Je sais reconnaître les acteurs de la sécurité collective

....

....

....

....

....

....

....

....

....

....

....

....

....

....

Sous chaque image :

1. Je nomme l'acteur de la sécurité.
2. J'indique si ces acteurs sont des professionnels ou des volontaires de la sécurité.
3. Je cite le cadre dans lequel elles agissent :

Force publique | Sécurité civile | Protection civile | Sécurité au collège

2 Je sais réagir face à un événement grave

Le système d'Alerte et d'Information des Populations (SAIP).

1. J'effectue une recherche sur le site du ministère de l'Intérieur, rubrique « Alerte ORSEC » :
   - Comment est-ce que je reconnais le signal national d'alerte ?

   ....

   ....

   - Comment est-ce que je reconnais la fin de l'alerte ?

   ....

2. Je réagis face à une alerte : je complète les informations du document en reportant les consignes ci-dessous qui leur correspondent :

Restez en sécurité | Mettez-vous en sécurité | Ne téléphonez qu'en cas d'urgence vitale | Tenez-vous informés | Vous entendez le signal d'alerte

Repères 23 Les Objectifs de développement durable

OBJECTIFS DE DÉVELOPPEMENT DURABLE

→ voir p. 81

1 Des objectifs de plus en plus précis

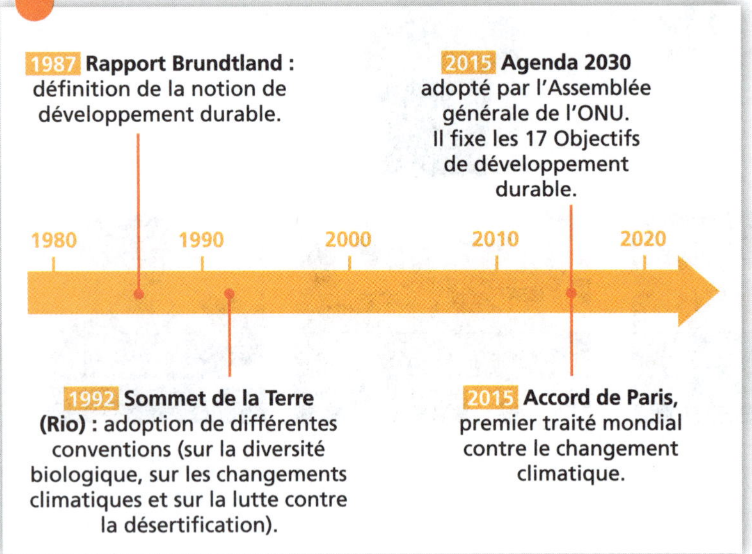

2 Les trois dimensions du développement durable

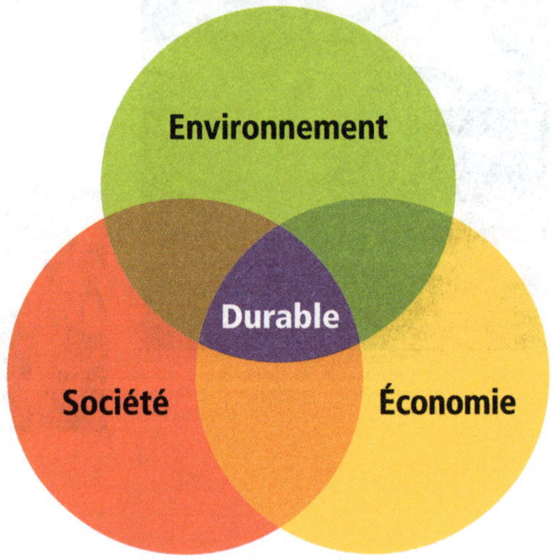

3 Des objectifs interdépendants

Les 17 Objectifs sont reliés les uns avec les autres : chaque objectif fait référence aux autres objectifs.

OBJECTIFS DE DÉVELOPPEMENT DURABLE

MINISTÈRE DE LA TRANSITION ÉCOLOGIQUE
Liberté Égalité Fraternité

Cerema CLIMAT & TERRITOIRES DE DEMAIN

Compétences
- Se sentir membre d'une collectivité.
- Comprendre le sens de l'intérêt général.

4 Ce que dit la loi

a. Charte des Nations unies (1945)
Nous, peuple des Nations unies, résolus :
– à préserver les générations futures du fléau de la guerre [...] ;
– à proclamer à nouveau notre foi dans les droits fondamentaux de l'homme, dans la dignité et la valeur de la personne humaine, dans l'égalité de droits des hommes et des femmes, ainsi que des nations, grandes et petites [...] ;
– à favoriser le progrès social et instaurer de meilleures conditions de vie dans une liberté plus grande.

b. Charte de l'environnement (2004)
Art. 1er – Chacun a le droit de vivre dans un environnement équilibré et respectueux de la santé.
Art. 2e – Toute personne a le devoir de prendre part à la préservation et à l'amélioration de l'environnement.
Art. 3e – Toute personne doit, dans les conditions définies par la loi, prévenir les atteintes qu'elle est susceptible de porter à l'environnement ou, à défaut, en limiter les conséquences.

Vocabulaire
- **Développement durable** : « développement qui répond aux besoins des générations du présent sans compromettre la capacité des générations futures à répondre aux leurs » (rapport Brundtland, ONU, 1987).

Info
Les 5 piliers des ODD
Humanité : éliminer la pauvreté et la faim.
Planète : adopter des modes de production et de consommation durables.
Prospérité : progrès économique en harmonie avec la nature.
Paix : sociétés libérées de la violence.
Partenariats : solidarité renforcée.

QUESTIONS

1 **Doc 1 et 2.** Qu'est-ce que l'Agenda 2030 ?

....

....

2 **Info et p. 81.** Je relève les 5 piliers des Objectifs de développement durable puis je classe les 17 Objectifs en indiquant leur numéro sous le pilier qui leur correspond.

....	....	....	....	....
ODD n°	ODD n°	ODD n°	ODD n°	ODD n° ....

3 **Doc 2 et 3.** J'explique, en donnant des exemples, comment les Objectifs de développement durable sont reliés entre eux.

....

....

....

4 **Doc 4.** Je souligne les groupes de mots qui montrent que les Objectifs de développement durable de 2015 (**doc 3**) étaient déjà présents dans ces deux Chartes.

Auto-évaluation
Je sais expliquer ce que sont les Objectifs de développement durable.
☐ ☐ ☐

J'enquête 24 Comment expliquer le changement climatique ?

OBJECTIFS DE DÉVELOPPEMENT DURABLE
→ voir p. 81

Que dois-je faire ? Le changement climatique actuel est essentiellement dû aux activités humaines qui accentuent l'effet de serre, provoquant une hausse globale des températures. J'identifie ce qui en est la cause et quelles en sont les conséquences.

1 Les principaux pays émetteurs de gaz à effet de serre dans le monde

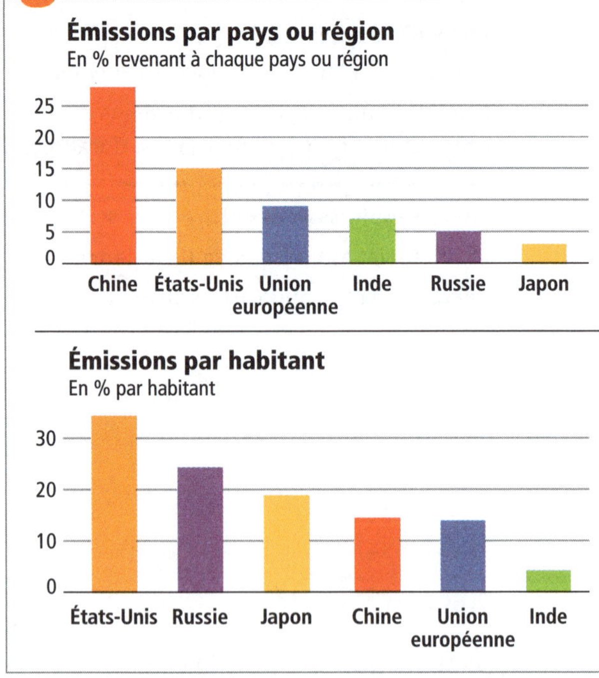

Alternatives économiques, 2019.

2 Les émissions de gaz à effets de serre en France

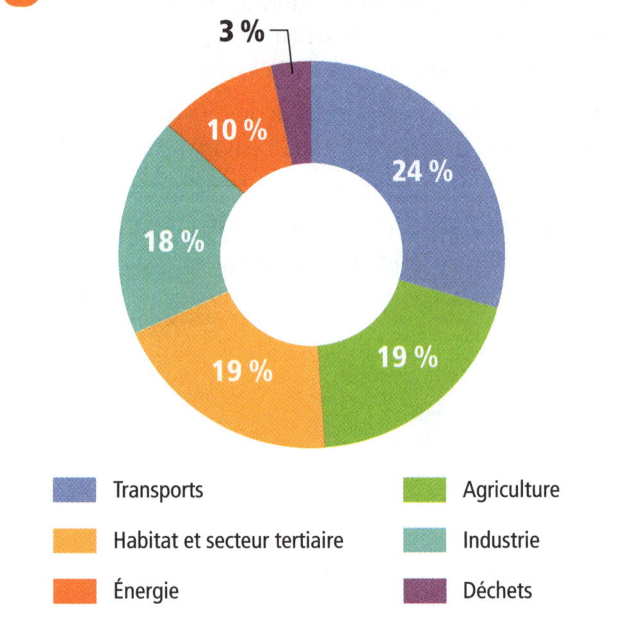

Rapport CITEPA (Centre interprofessionnel technique d'études de la pollution), 2020.

3 Le rôle des activités humaines

« Changement climatique, le défi », Météo France, 2019.

Info

L'**effet de serre** est à l'origine un phénomène naturel. Mais, aujourd'hui, il est la principale conséquence des émissions des gaz à effet de serre liées aux activités humaines polluantes, qui perturbent le climat.

QUESTIONS

1 **Doc 1 et 2.** J'entoure les principaux émetteurs de gaz à effet de serre.

2 **Doc 2 et 3.** J'identifie les principales activités humaines responsables du changement climatique.

....

....

....

....

....

....

....

....

Compétences
- Développer une conscience civique.
- Respecter les autres.

4 Les catastrophes climatiques dans le monde

Les pays les plus touchés
Classement des pays selon l'indice mondial des risques climatiques (1998-2018)

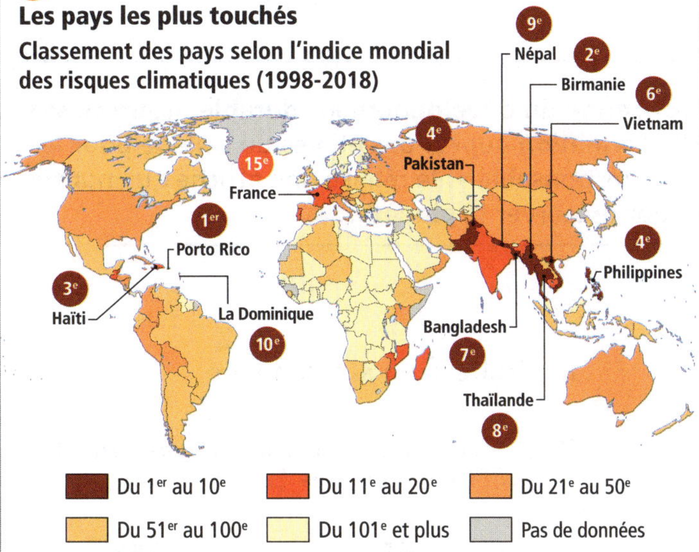

Germanwatch et *Le Parisien*, 2019.

5 Les personnes déplacées

Personnes déplacées pour des phénomènes climatiques entre janvier et septembre 2017

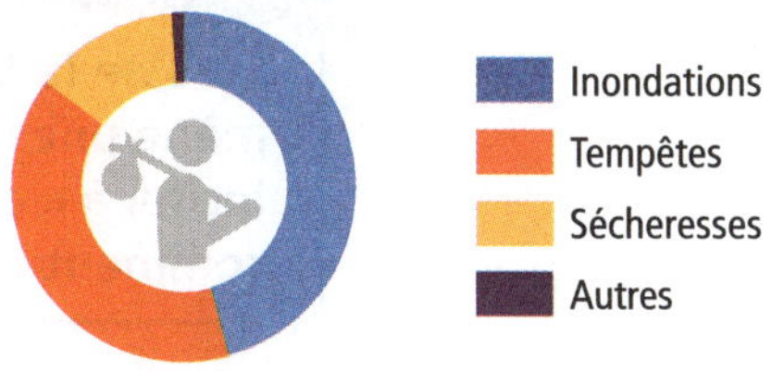

Nombre de personnes déplacées à cause de conditions climatiques extrêmes

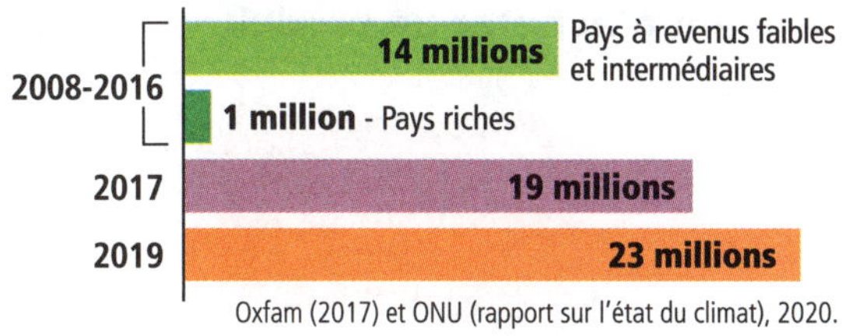

Oxfam (2017) et ONU (rapport sur l'état du climat), 2020.

QUESTIONS

3 **Doc 4 et 5.** J'indique quels lieux et quelles personnes sont les plus vulnérables face aux catastrophes climatiques.

....

....

....

....

Vocabulaire

- **Changement climatique** : modification des caractéristiques du climat en un endroit donné. Actuellement, c'est une augmentation des températures moyennes qui modifie les équilibres météorologiques et les écosystèmes.

4 **Doc 4, 5 et p. 81.** Je nomme les principaux Objectifs de développement durable qui ne peuvent pas s'appliquer en raison de ces catastrophes.

....

Ce que j'ai appris

J'argumente : comment expliquer le changement climatique actuel ?
Je remplis le tableau pour m'aider.

Qui semble responsable ?	Quels sont les effets ?
....	....
....	....
....	....
....	....
....	....
....	....

Auto-évaluation

J'ai compris pourquoi nous devons tous prendre conscience des effets du changement climatique.

☐ ☐ ☐

J'agis 25

Comment consommer autrement pour la planète ?

OBJECTIFS DE DÉVELOPPEMENT DURABLE

→ voir p. 81

MA MISSION

Lors de la Semaine européenne du développement durable, notre classe mène une campagne d'information auprès des élèves du collège pour les inciter à « consommer plus responsable ». Je réalise une affiche qui montre comment consommer pour préserver la planète.

1 Les bonnes questions avant d'acheter un produit

Vidéo
C'est quoi, l'obsolescence programmée ?

1 En ai-je vraiment besoin ?

88 % des Français **changent de téléphone portable** alors que **le précédent fonctionne**

Beaucoup de vêtements sont **portés 7 à 10 fois seulement**

Dois-je forcément l'acheter ? 2

30 % des Français ont eu recours **au covoiturage en 2018**

3 Puis-je l'acheter d'occasion ?

76 % des Français affirment avoir acheté des **produits d'occasion** (sites internet, dépôts-ventes, vide-greniers…)

ADEME, 2019.

2 Itinéraire d'un steak haché

14,5 % **des émissions de gaz à effet de serre** (GES) **sont liées aux activités d'élevage.**

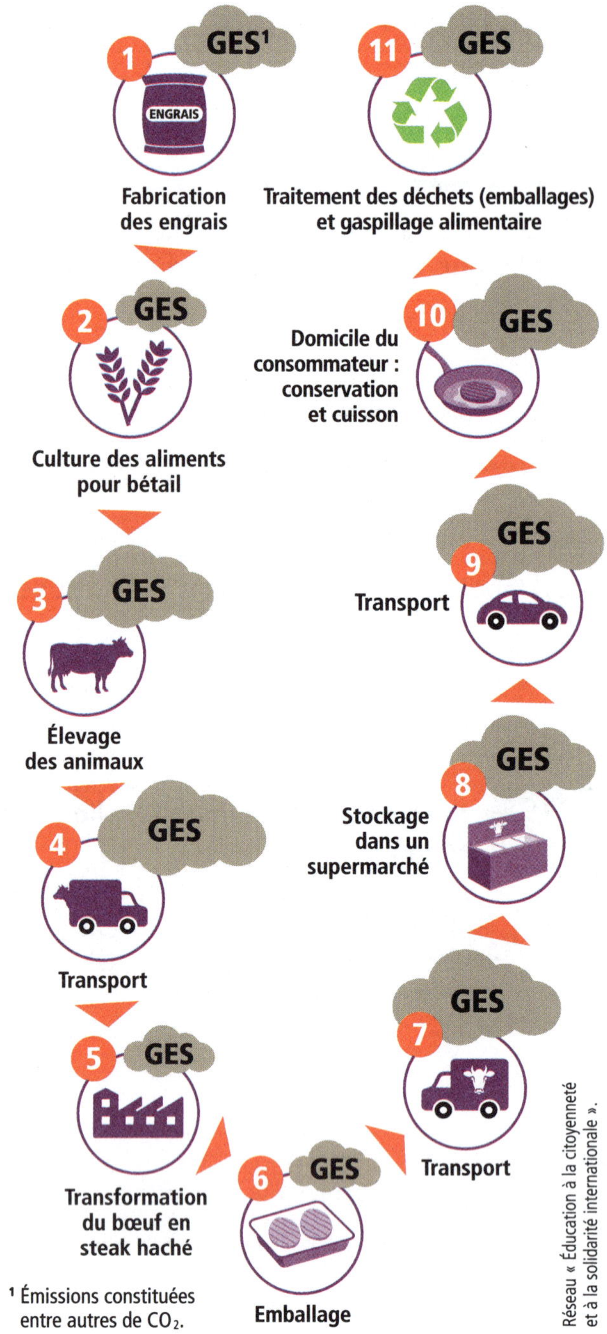

[1] Émissions constituées entre autres de CO_2.

Réseau « Éducation à la citoyenneté et à la solidarité internationale ».

Compétences
- Prendre en charge des aspects de l'environnement.
- Comprendre la notion de bien commun.

3 Le pouvoir du consommateur

Le Black Friday est une journée de promotions exceptionnelles. Des organisations appellent à boycotter cet événement commercial.

450 marques – engagées pour une consommation raisonnée et responsable – ont formé cette année le collectif *Make Friday Green Again* : « Nous ne voulons pas participer à cette journée infernale de surconsommation. Le vrai coût de cette journée est social et environnemental. Elle participe au dérèglement climatique en encourageant la surproduction » expliquent les participants. Leur solution : faire du tri. « En choisissant des marques responsables, tu reprends le pouvoir qui est le tien et tu agis concrètement pour une consommation durable et engagée ! »

D'après francetvinfo.fr, 29 novembre 2019.

4 L'Objectif de développement durable n°12

12 CONSOMMATION ET PRODUCTION RESPONSABLES

La consommation et la production durables visent à « faire plus et mieux avec moins ». Elles consistent également à découpler la croissance économique et la dégradation environnementale en accroissant l'efficience[1] dans l'utilisation des ressources et en favorisant des modes de vie durables. La consommation et la production durables peuvent également contribuer à réduire la pauvreté et à assurer la transition vers des économies vertes et à faible émission de carbone.

Site internet des Nations unies, janvier 2021.

1. Efficacité.

Vocabulaire

- **Écologie** : objectif de protection de l'environnement naturel par les êtres humains.

QUESTIONS

1 **Doc 1, 3 et 4.** Je souligne dans les documents les façons de consommer qui sont respectueuses de l'environnement.

2 **Doc 2 et 4.** à l'oral J'exprime mon point de vue : faut-il réduire notre consommation de viande ?

3 **Doc 1 à 4.** Je choisis 3 façons de consommer respectueuses de l'environnement et je remplis le tableau.

	Quel impact écologique ?	Est-ce difficile à mettre en œuvre ?
1	....	....
2	....	....
3	....	....

J'ACCOMPLIS MA MISSION

Je réalise une affiche sur le thème « Quelle consommation responsable pour demain ? »

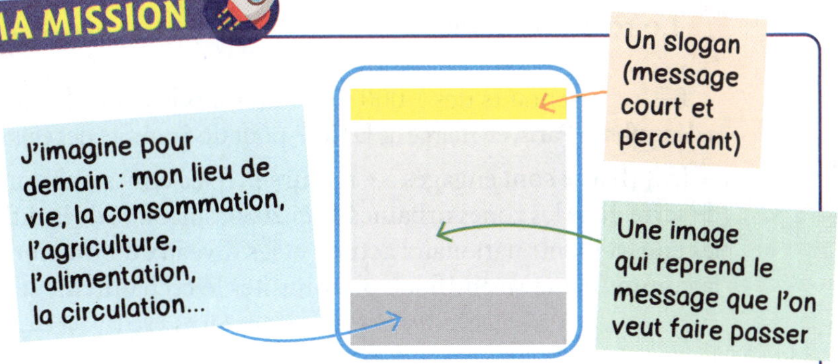

Auto-évaluation

J'ai compris ce qu'est une consommation responsable.

☐ ☐ ☐

Jeu de rôles 26

Contre le changement climatique, quel engagement mondial ?

OBJECTIFS DE DÉVELOPPEMENT DURABLE

→ voir p. 81

LE RÔLE À JOUER

En 2015, la COP21 est parvenue à négocier l'Accord de Paris, contre le changement climatique. Mais les engagements pris ne sont pas suffisants. Vous participez avec votre classe à un débat qui a lieu lors d'une COP au sujet d'une nouvelle réduction des gaz à effet de serre.

1 Les engagements des États pour l'Accord de Paris

	Chine	États-Unis	Union européenne	Inde	Russie	Costa Rica
Part mondiale des émissions de GES en 2015	25,4 %	14,4 %	10,2 %	7 %	5,4 %	0,003 %
Engagement de réduction des émissions de GES	**60 à 65 %** en 2030 par rapport à 2005	**26 à 28 %** en 2025 par rapport à 2005	**40 %** en 2030 par rapport à 1990	**33 à 35 %** en 2030 par rapport à 2005	**25 à 30 %** en 2030 par rapport à 1990	**25 %** en 2030 par rapport à 2012

2 Les principaux points de l'Accord de Paris

COP21
29 articles | **31** pages

195 pays étaient appelés à adopter le texte.

1. **Limitation du réchauffement à 1,5 °C**
   Contenir l'élévation de la température mondiale en-dessous des 2 °C.
2. **Objectif « neutralité carbone »**
   Engagement à entreprendre des actions de réduction des gaz à effet de serre.
3. **100 milliards de dollars/an**
   Versés par les pays du Nord aux pays du Sud pour accélérer leurs mesures climatiques et leur développement.
4. **Évaluation de l'accord tous les 5 ans**
5. **Pertes et préjudices**
   Mesures de compensation des dommages subis par les pays les plus exposés.

Ouest-France, 4 novembre 2016.

3 L'action de la société civile

L'Accord de Paris signé par les États n'est pas le seul fruit de la COP21. La préparation et le déroulement de cette conférence mondiale sur le climat ont aussi été le théâtre d'un vaste mouvement de mobilisation de la société civile[1].

Lancé par le secrétaire général des Nations unies, Ban Ki-moon, lors du sommet de New York en septembre 2014, l'agenda des solutions compte aujourd'hui quelque 11 000 engagements concrets, de 2 250 villes, 150 régions, 2 025 entreprises, 424 investisseurs et 235 ONG. Sans compter 70 initiatives collectives dans le domaine de l'eau, de la forêt, des transports, du bâtiment, des énergies renouvelables…

« COP21 : vaste mobilisation de la société civile », *Le Monde*, 23 décembre 2015.

1. Associations à but non lucratif qui sont un intermédiaire entre l'État et les citoyens : organisations non gouvernementales, syndicats…

Info

Selon l'OCDE, en 2018, les pays développés avaient versé **79 milliards de dollars** aux pays en développement. Au 1er janvier 2021, le monde se dirige toujours vers un réchauffement climatique **de 3,5°C à 4°C.**

4 Le rôle des villes

Les représentants des 1 000 villes du monde entier [étaient] réunis, vendredi 4 décembre à Paris, en marge de la COP, pour un Sommet des élus locaux pour le climat.

[…] [Ils] se sont engagés à « réduire […] les émissions annuelles de gaz à effet de serre dans les zones urbaines d'ici 2030, soit 30 % de la différence prévue entre les engagements nationaux actuels et les niveaux d'émissions recommandés par la communauté scientifique pour limiter le réchauffement à 2 °C ».

« COP21 : 700 maires du monde réunis à Paris pour exercer une pression positive », *Le Monde*, 4 décembre 2015.

Compétences
- Écouter autrui.
- Avoir le sens de l'intérêt général.

ÉTAPE 1 Je prépare le jeu de rôles

Vocabulaire
- **COP (Conférence des parties)** : conférence de l'ONU sur le climat qui réunit tous les États chaque année depuis 1995.

1 **Doc 2.** Je souligne les objectifs que se sont fixés les États pour lutter contre le changement climatique.

2 **Doc 1 à 4.** Je souligne les acteurs de la lutte contre le réchauffement climatique.

3 Je compare les engagements de réduction des émissions de GES : que constate-on pour les pays qui s'engagent par rapport à 1990, à 2005, à 2012 ?

ÉTAPE 2 Je participe au jeu de rôles

4 Votre professeur vous distribue les rôles à jouer :

- 2 chefs de gouvernement de pays industrialisés
- 2 chefs de gouvernement de pays émergents
- 2 chefs de gouvernement de pays les moins avancés
- 2 maires de grandes métropoles mondiales
- 2 représentants d'ONG écologistes
- 1 représentant d'entreprise

5 Vous simulez une séance de débat organisée lors des négociations d'une COP. Le débat portera sur : quels nouveaux engagements les États sont-ils prêts à prendre pour réduire les gaz à effet de serre ?

ÉTAPE 3 Ce que je retiens du jeu de rôles

6 Quel est le rôle des différents acteurs au niveau mondial pour lutter contre le changement climatique ?

7 Pourquoi faut-il agir au niveau mondial pour lutter contre le changement climatique ?

Auto-évaluation

J'ai su enrichir mon travail et ma réflexion personnelle.

☐ ☐ ☐

Je retiens S'engager pour la planète

A Un engagement international

• L'engagement pour la planète est inscrit dans les **17 Objectifs de développement durable** (ODD) définis par l'ONU (2015). Ils forment l'**Agenda 2030**. L'élimination de la pauvreté et de la faim, la santé, l'éducation, la paix sont les premiers de ces objectifs.

• Sous la direction de l'ONU, les États se mobilisent pour coordonner leurs actions dans un esprit de solidarité. Ainsi en 2015, lors de la **COP21**, tous les États du monde ont négocié l'Accord de Paris pour lutter contre le **changement climatique** : limiter l'augmentation des températures moyennes à moins de 2° C, par la réduction des émissions de gaz à effet de serre.

B L'engagement de tous

• Les États se fixent des objectifs à atteindre et cherchent à faire évoluer les comportements. Par exemple, ils peuvent taxer l'utilisation de ressources non renouvelables, obliger par des lois ou inciter par des subventions à faire des économies d'énergie.

• En France, des acteurs de la **société civile** s'engagent et font appliquer des mesures pour la planète : collectivités territoriales, associations, entreprises, établissements scolaires avec les éco-délégués… Le développement durable est aussi la responsabilité de chacun : respecter la **Charte de l'environnement**, adopter une consommation durable…

Les mots importants

• **Agenda 2030** : 17 Objectifs de développement durable adoptés par les États-membres de l'ONU qui sont à réaliser pour 2030.

• **Changement climatique** : modification des caractéristiques du climat en un endroit donné. Actuellement, c'est une augmentation des températures moyennes qui modifie les équilibres météorologiques et les écosystèmes.

• **COP (conférence des parties)** : conférence de l'ONU sur le climat qui réunit tous les États chaque année depuis 1995.

• **Développement durable** : « développement qui répond aux besoins des générations du présent sans compromettre la capacité des générations futures à répondre aux leurs » (rapport Brundtland, ONU, 1987).

Les Valeurs de la République

▶ Solidarité

Actions d'entraide ayant pour objectifs le respect et la réduction des inégalités entre les êtres humains.

Je révise chez moi

Je connais l'essentiel

- ✔ **Quels textes importants ont été négociés par tous les États du monde pour s'engager pour la planète ?** Je les souligne en bleu.
- ✔ **Quelles actions sont menées pour s'engager pour la planète ?** Je les souligne en vert.
- ✔ **Quels acteurs s'engagent pour la planète ?** Je les encadre.

Je sais définir et utiliser dans une phrase

- ✔ **Objectifs de développement durable**
- ✔ **Consommation durable**
- ✔ **Développement durable**

Entraîne-toi à l'aide des exercices numériques !

EXO **Exercices interactifs**

Exercices

1 J'ai compris ce que signifie une planète durable

Je coche la ou les bonnes réponses.

a. Les Objectifs de développement durable :

- ❑ sont au nombre de 17.
- ❑ doivent être atteints en 2030.
- ❑ ne concernent que les pays pauvres.

b. L'Accord de Paris :

- ❑ vise à limiter l'augmentation des températures moyennes de moins de 2 °C.
- ❑ a été négocié sous l'autorité des États-Unis.
- ❑ relève du 13e Objectif de développement durable.

c. Agir pour un développement durable, c'est la responsabilité :

- ❑ des États.
- ❑ des entreprises.
- ❑ de chaque personne.

d. Le changement climatique :

- ❑ touche plus les pays pauvres.
- ❑ touche les pays différemment selon leur niveau de développement.
- ❑ est dû en grande partie aux activités humaines.

e. Les COP sont :

- ❑ des coopératives d'achats pour une consommation respectueuse de l'environnement.
- ❑ des conférences de l'ONU sur le changement climatique.
- ❑ des policiers chargés de faire respecter le développement durable.

2 J'explique à partir d'une image ce qu'est un(e) éco-délégué(e)

Affiche de promotion des éco-délégués, lycée René-Descartes de Cournon-d'Auvergne (Puy-de-Dôme), 2019.

1. J'entoure sur l'image ce qui montre l'engagement de l'éco-délégué(e) pour la planète.
2. Je souligne en bleu le lieu dans lequel l'éco-délégué(e) exerce sa fonction.
3. Je souligne en vert les actions des éco-délégués.
4. Dans mon collège, quelles actions sont menées pour préserver la planète ?

....
....
....
....
....
....
....
....
....
....

27 L'opinion publique et les médias face aux risques

ON S'ENGAGE !

Vous participez avec votre classe à la Semaine de la presse et des médias. Au CDI, choisissez des journaux et des magazines qui informent sur les risques majeurs et l'environnement au travers de l'opinion publique. Réalisez un sondage d'opinion auprès des élèves afin de les sensibiliser aux risques majeurs et de recueillir leur opinion sur ce sujet !

A La presse et les risques majeurs

1 Page intérieure du journal *Le Monde* Article à télécharger

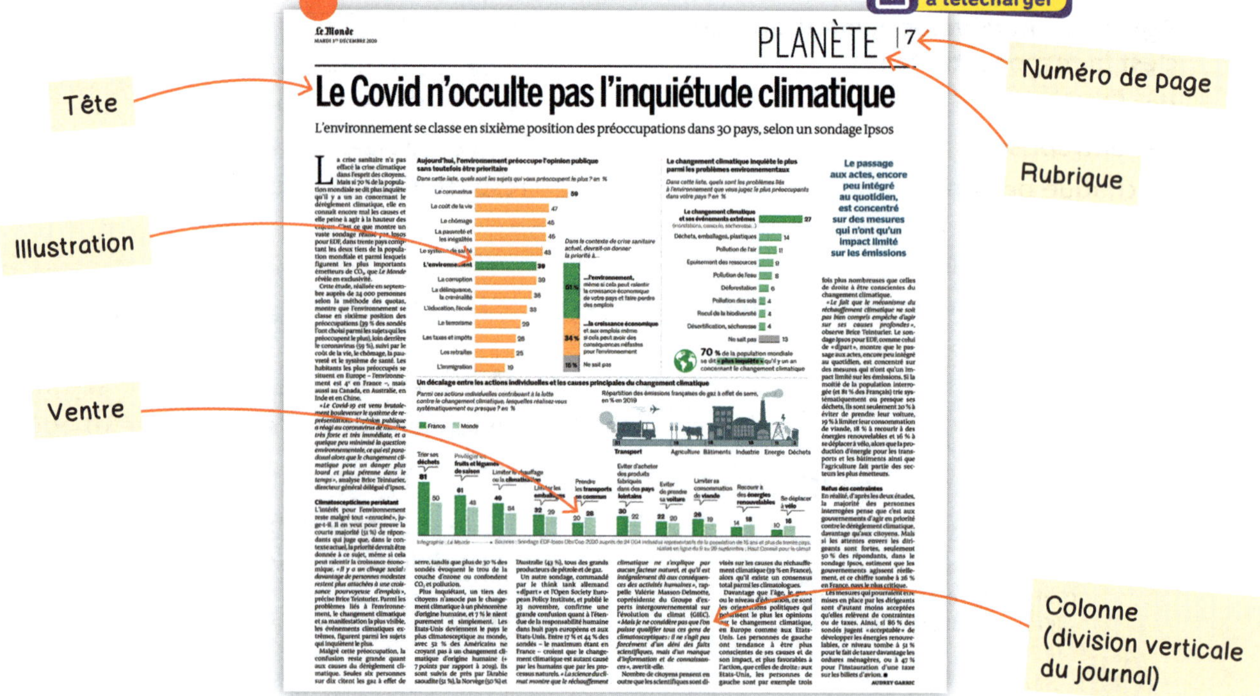

Le Monde, 1er décembre 2020, p. 7.

QUESTIONS

1 Au CDI, choisissez deux journaux. Complétez le tableau suivant à l'aide des informations relevées et du vocabulaire ci-dessus.

	Journal n° 1	Journal n° 2
Titres des articles	....	....
Noms des journaux, dates de parution	....	....
Informations sur les risques majeurs et l'environnement	....	....
Quelle place est accordée à ce sujet dans les journaux ?	....	....

Compétences
- Développer ses aptitudes à la réflexion critique.
- S'engager pour l'environnement.

B Les risques majeurs dans l'opinion

2 Un sondage d'opinion

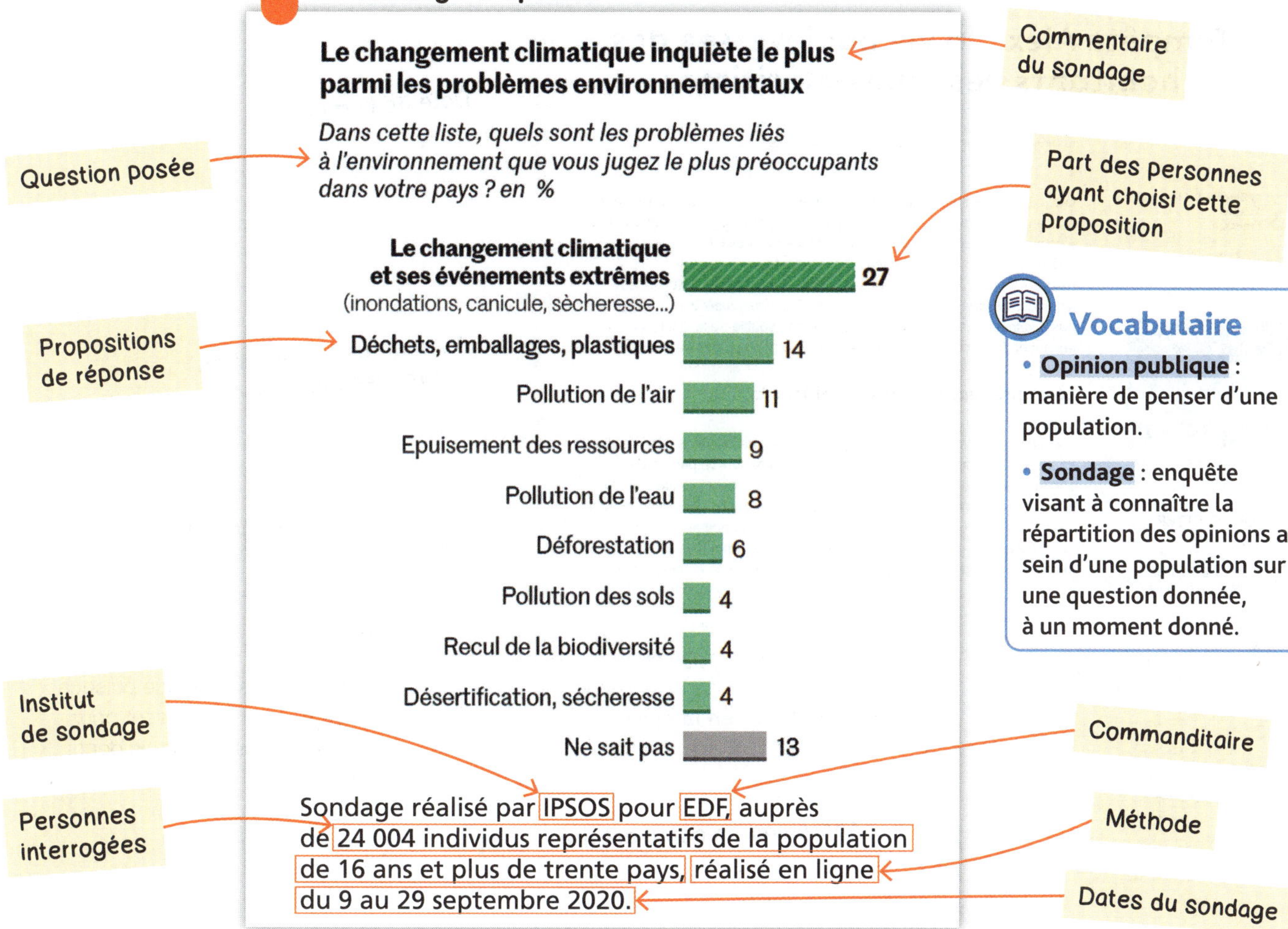

Le Monde, 1er décembre 2020.

Vocabulaire
- **Opinion publique** : manière de penser d'une population.
- **Sondage** : enquête visant à connaître la répartition des opinions au sein d'une population sur une question donnée, à un moment donné.

QUESTIONS

2 À l'aide des informations du **doc 2** ou d'un sondage récent recherché sur Internet sur le thème de l'opinion publique face aux risques majeurs et à l'environnement, complétez le tableau suivant.

	Sondage sur ....
Date du sondage	....
Pourquoi ce sondage ?	....
Qui a commandé ce sondage ? Quel intérêt pour lui ?	....
Quels types de questions posées ? (fermées, ouvertes, neutres, orientées ?)	....
Que pense l'opinion publique au sujet des risques majeurs et de l'environnement ?	....

C Une catastrophe majeure dans les médias

3 Page Internet d'un média d'information

Tempête Alex : la vie bouleversée des habitants des Alpes-Maritimes

Plus de trois semaines après le passage de la tempête Alex, le retour à la vie normale est difficile pour les habitants des Alpes-Maritimes.

L. Blache, L. Meney, K. Schmid
France 3
France Télévisions

Mis à jour le 24/10/2020 | 17:33
publié le 24/10/2020 | 17:33

Partager
Twitter
Envoyer

LA NEWSLETTER ACTU

7h30 Nous la préparons pour vous chaque

Les jours passent à Tende (Alpes-Maritimes). Si les hélicoptères se font de plus en plus rares depuis le passage de la tempête Alex, au début du mois d'octobre, la file d'attente devant la supérette qui redistribue les dons de nourriture reste la même. Agnès Franca vient tous les jours se réapprovisionner. Une bonne nouvelle dans son sac : des fruits et des légumes. "*Manger des boîtes, ça va bien 5 minutes, mais bon, on ne peut pas à longueur de temps manger comme ça*", souffle-t-elle. Il lui manque encore du frais, comme *"du beurre, des yaourts ou un peu de jambon"*.

Le maire réconforte ses habitants

L'eau courante ne coule à son robinet que 3 heures, le soir, et elle n'est toujours pas potable. Au détour d'une rue, il y a parfois un peu de positif comme une route à nouveau praticable. Séverine Froppolo, aide médico-psychologique, s'est vu donner un vélo électrique par l'association Les Amis de la Roya. Son quotidien a changé. *"Depuis les intempéries, on faisait les tournées à pied, ce qui équivalait à une dizaine de kilomètres par jour"*, indique-t-elle. Sur la place du village, le maire essaye de réconforter ses ... *urtout que nous devons rester vraiment solidaires les* ... tèle-t-il.

2 Commentaires

APLATEL69 — Il y a 48 jours
Les habitants des vallées de la Roya et de la Vésubie montrent une solidarité et un civisme exemplaires dont tous les français feraient bien de s'inspirer pour faire barrage au coronavirus.
0
J'aime · Répondre

Clairette36 — Il y a 48 jours
Et oui on ne parle plus d'eux....
Courage à tous ces habitants
1
J'aime · Répondre

francetvinfo.fr, 24 octobre 2020.

Date de l'article

Partage de l'information sur les réseaux sociaux

S'exprimer en laissant un commentaire

Approuver un commentaire

Tribune Côte d'Azur
@Tribuca · 3 oct. 2020

#Alex tempete nice, réaction de @davidlisnardMaire de Cannes « Le bilan humain de ces intempéries est tragique puisque douze personnes seraient pour l'heure portées disparues dont deux sapeurs-pompiers et un gendarme. » #Intemperies #NiceCoteDazur

3 Sur Internet, sélectionnez deux articles de deux médias différents, un ou deux tweets datés du même jour ou des jours suivants, qui évoquent les réactions de l'opinion face à une catastrophe majeure récente. Complétez le tableau suivant en vous aidant des indications du **doc 3**.

	Comment est décrite la catastrophe ? Par qui ?	Comment s'exprime l'opinion au sujet de la catastrophe et de ses lendemains ?
Média 1 :	....	....
Média 2 :	....	....
Média 3 :	....	....
Média 4 :	....	....

NOTRE ENGAGEMENT

Faire un sondage d'opinion sur les risques majeurs qui concernent l'environnement de notre collège

→ À deux et à partir de vos réponses aux questions **1** à **3** (p. 72-74), commencez par rédiger un questionnaire.

1 S'informer sur ce qui peut porter atteinte à l'environnement du collège

Quelles pollutions ?

....

....

....

....

Quels risques majeurs ?

....

....

....

....

2 Choisir la question du sondage et lister les propositions à questionner lors du sondage

- Prenez appui sur le **doc 2** p. 73.
- Choisissez ce qui peut porter atteinte à l'environnement du collège (déchets, pollution de la rivière…).

3 Réaliser le sondage

Mise en forme du sondage

→ **La question posée :**

....

....

→ **Les propositions à questionner :**

....

....

....

....

....

Résultats du sondage

→ **Commentaire du sondage :**

....

....

....

→ **Part des réponses pour chaque proposition questionnée :**

....

....

....

- Utilisez un logiciel de création de sondages comme Framaforms, QuizzYourSelf, Plickers ou LimeSurvey pour obtenir directement des statistiques.
- Éventuellement, proposez le sondage **en ligne** pour avoir plus de résultats.

Et maintenant, analysez le résultat du sondage !

→ Commentez les réponses au sondage : vous ont-elles permis de connaître l'opinion des élèves ?

Auto-évaluation

J'ai su développer une conscience civique collective.

☐ ☐ ☐

28 S'engager pour la laïcité

ON S'ENGAGE !

Pour commémorer la Journée nationale de la laïcité, votre classe s'est engagée dans un projet « Slam-à-l'École ». En groupe, vous composez un poème sous forme de slam sur le thème « Vivre la laïcité au collège ». Appuyez-vous sur les informations des documents et sur la Charte de la laïcité. À vos stylos !

1 L'arbre de la laïcité

Fresque réalisée avec les mains des élèves du collège Fernand-Léger de Vierzon (Cher) pour la Journée de la laïcité en 2017.

Info

La Journée nationale de la laïcité commémore la **loi de séparation des Églises et de l'État** du 9 décembre 1905 qui fait de la République française une république laïque.

2 Laïcité et religions

Le professeur : – Farid et Zora sont musulmans. Téo, toi tu es catholique. Et toi, Raf, tu ne crois pas en Dieu. En France, chacun peut croire en son Dieu ou ne pas croire. C'est une liberté reconnue et notre pays garantit la liberté de conscience, mais à une condition : que la religion n'envahisse pas les établissements scolaires […]. Il ne faut pas que la religion empêche d'apprendre : Zora doit venir à la piscine pour apprendre à nager, et je dois enseigner les acquis de la science.

Raf : – Farid, à la sortie « Moyen Âge », ne voulait pas entrer dans l'église. Il veut bien me montrer sa mosquée…

Le professeur : – On s'en est expliqués tous les deux, et il a compris. Ce n'était pas pour faire comme les chrétiens puisqu'il est musulman, mais pour étudier la culture du Moyen Âge à une époque où on a construit beaucoup d'églises. Je lui ai dit qu'à la même époque les Arabes ont inventé le chiffre zéro, ce qui nous a fait faire beaucoup de progrès en mathématiques et dans les techniques… Le rôle de l'école est d'enseigner que les religions font partie de la culture des hommes.

Michel Tozzi, *La Morale, ça se discute*, Éditions Albin Michel, 2014.

3 La Charte de la laïcité à l'école (extraits)

La Charte de la laïcité complète

1 La France est **une République indivisible, laïque, démocratique et sociale.** Elle assure l'égalité devant la loi, sur l'ensemble de son territoire, de tous les citoyens. Elle respecte toutes les croyances.

2 La République laïque organise **la séparation des religions et de l'État.** L'État est neutre à l'égard des convictions religieuses ou spirituelles. Il n'y a pas de religion d'État.

LA RÉPUBLIQUE EST LAÏQUE

3 La laïcité garantit **la liberté de conscience** à tous. **Chacun est libre de croire ou de ne pas croire.** Elle permet la libre expression de ses convictions, dans le respect de celles d'autrui et dans les limites de l'ordre public.

4 La laïcité permet l'exercice de la citoyenneté, en conciliant **la liberté de chacun** avec **l'égalité et la fraternité de tous** dans le souci de l'intérêt général.

5 La République assure dans les établissements scolaires le respect de chacun de ces principes.

Extrait de la Charte de la laïcité, 2013.

Compétences
- Comprendre les valeurs de la République française.
- Développer une conscience civique.

NOTRE ENGAGEMENT

Réaliser en groupe un poème sous forme de slam pour faire vivre la laïcité à l'école

1 S'exprimer

à l'oral Prenez connaissance des **doc 1** et **2** : pourquoi peut-on dire que la laïcité, c'est la liberté, l'égalité, la fraternité ?

2 Réfléchir en groupe

- À la manière d'un acrostiche, associez à **LAÏCITÉ** des mots qui la caractérisent.

						L								
						A								
				L	O	I								
						C						ou pas		
						I								
						T								
						É								

Coup de pouce
- Cherchez ces mots dans les extraits de la Charte de la laïcité (**doc 3**).
- Retrouvez certains de ces mots dans les **doc 1 et 2**.

3 S'entraîner à l'improvisation

→ Trouvez des **phrases courtes** et des **groupes de mots** qui parlent de la laïcité et écrivez-les dans la « boîte à idées » de votre groupe.

→ Laissez libre cours à votre imagination, à votre spontanéité, à votre créativité…

Boîte à idées
- La laïcité, c'est : se respecter.
- La laïcité, c'est : ne pas s'insulter.
- ……………………………………………
- ……………………………………………
- ……………………………………………
- ……………………………………………
- ……………………………………………

Le slam, c'est :
- **inventer** un poème court, une « musique parlée ».
- **suivre son intuition** et écrire ce que l'on pense, ce que l'on ressent.
- **faire des rimes** avec des mots qui sonnent.
- **donner du rythme** aux phrases.
- **déclamer** son poème avec conviction.

4 Composer un poème sous forme de slam

- Ensemble, faites un choix dans vos idées et composez votre poème.

……………………………………………………………………………………………………
……………………………………………………………………………………………………
……………………………………………………………………………………………………
……………………………………………………………………………………………………
……………………………………………………………………………………………………

Et maintenant, en quelques minutes devant la classe, slamez la laïcité !

A ET B

- **Agenda 2030** : 17 Objectifs de développement durable adoptés par les États-membres de l'ONU qui sont à réaliser pour 2030. → **voir p. 70**
- **Addiction** : dépendance d'une personne à une substance ou une activité dangereuse pour elle, dont elle ne peut plus se passer, en dépit de sa volonté. → **voir p. 16, 22**
- **Antisémitisme** : haine des juifs. → **voir p. 39, 46**
- **Bénévole** : personne qui exerce volontairement une activité sans être rémunérée. → **voir p. 30**

C

- **Changement climatique** : modification des caractéristiques du climat en un endroit donné. Actuellement, c'est une augmentation des températures moyennes qui modifie les équilibres météorologiques et les écosystèmes. → **voir p. 65, 70**
- **COP (Conférence des parties)** : conférence de l'ONU sur le climat qui réunit tous les États chaque année depuis 1995. → **voir p. 69, 70**
- **Crime contre l'humanité** : acte inhumain commis contre des populations. En France, la loi du 21 mai 2001 a reconnu que la traite négrière et l'esclavage perpétrés à partir du XVe siècle constituent un crime contre l'humanité. → **voir p. 40**
- **Cyberdépendance** : dépendance qui s'installe chez une personne faisant un usage compulsif de l'ordinateur et principalement des moyens de communication liés à Internet. → **voir p. 18, 22**
- **Cyberharcèlement** : acte en ligne (téléphone portable, chats, réseaux sociaux...) agressif et répété de la part d'une personne ou d'un groupe à l'encontre d'une victime qui peut difficilement se défendre seule. → **voir p. 10, 20, 22**

D

- **Développement durable** : « développement qui répond aux besoins des générations du présent sans compromettre la capacité des générations futures à répondre aux leurs » (rapport Brundtland, ONU, 1987). → **voir p. 63, 70**
- **Discrimination** : fait de refuser des droits à une personne ou à un groupe de personnes, en raison de son appartenance religieuse, de son handicap, de son sexe... Cette attitude est punie par la loi. → **voir p. 37, 46**
- **Droits civils** : droits exercés dans la vie quotidienne (liberté de penser, de s'exprimer, d'avoir une religion de son choix...). → **voir p. 26, 34**
- **Droits politiques** : droit de voter et d'être élu. → **voir p. 26, 34**
- **Droits sociaux** : prise en charge par l'État de dépenses répondant aux besoins de la population au nom de l'égalité. → **voir p. 26, 34**

E

- **Écologie** : objectif de protection de l'environnement naturel par les êtres humains. → **voir p. 67**
- **Écrans** : la télévision, l'ordinateur, la console, le téléphone mobile, la tablette sont les médias utilisés pour jouer, se rendre sur les réseaux sociaux, écouter de la musique, s'informer et communiquer. → **voir p. 18**
- **Exclusion** : rejet de personnes hors de la société. → **voir p. 34**

F ET G

- **Filiation** : lien de parenté, qui unit un enfant à ses parents. → **voir p. 14**
- **Force publique** : ensemble de personnes chargées par l'État du maintien de l'ordre et de la protection des personnes face aux menaces (délinquance, terrorisme, trafic de stupéfiants, insécurité routière, accidents majeurs...). → **voir p. 51, 60**
- **Génocide** : extermination programmée d'un peuple en raison de ses origines ou de sa religion. À ce titre, 5 à 6 millions de juifs d'Europe ont été exterminés par les nazis pendant la Seconde Guerre mondiale. → **voir p. 39**

H

- **Homophobie** : sentiment ou manifestation de rejet, de mépris ou de haine envers les personnes homosexuelles et envers l'homosexualité. → **voir p. 44, 46**
- **Homosexualité** : orientation sexuelle des personnes qui éprouvent une attirance pour les personnes du même sexe. → **voir p. 44**

I

- **Identité légale** : identité officielle d'une personne protégée par l'État. → **voir p. 8, 14**
- **Identité numérique** : ensemble des traces numériques qu'une personne laisse sur Internet, qui correspondent à son identité personnelle et à son identité légale. → **voir p. 10**
- **Identité personnelle** : ensemble des caractéristiques qui distinguent un individu d'un autre, et qui peuvent évoluer au cours de sa vie. → **voir p. 8, 14**

N

- **Nationalité** : toute personne a une nationalité à la naissance, qui la rattache officiellement à un État. → **voir p. 8**

P

- **Parité** : répartition égale des fonctions politiques entre les femmes et les hommes (loi du 6 juin 2000). → **voir p. 42**

- **Plan ORSEC** : Organisation de la Réponse de Sécurité Civile. En cas de catastrophe majeure, dispositif d'organisation des secours sous l'autorité du préfet du département. → **voir p. 51, 60**
- **Plan de Prévention des Risques (PPR)** : document rédigé par l'État qui identifie les zones géographiques soumises à des risques naturels et/ou technologiques, et définit les mesures pour réduire les risques encourus. → **voir p. 51**
- **Préfet** : représentant de l'État dans les régions et les départements. → **voir p. 51**
- **Préjugé** : jugement prématuré, qui conduit à des idées fausses. → **voir p. 12, 14, 42, 46**
- **Protection civile** : association dont les membres bénévoles assurent des missions de sécurité. → **voir p. 60**

R

- **Racisme** : attitude de ceux qui méprisent certaines personnes en raison de leur prétendue appartenance à une race. → **voir p. 12, 38, 46**
- **Réseaux sociaux** : sites internet permettant aux internautes de partager et échanger des informations, des messages, des photographies ou des vidéos avec leur communauté d'amis. → **voir p. 10, 18, 22**
- **Risques majeurs** : risques naturels (inondation, tremblement de terre, tempête...), technologiques (explosion d'usine, accident nucléaire...), sanitaires (épidémie), menaces terroristes. → **voir p. 51, 54, 60**

S

- **Sécurité civile** : ensemble des services publics de secours. → **voir p. 51, 60**
- **Ségrégation raciale** : séparation organisée entre les Blancs et les Noirs (entre 1865 et 1964 aux États-Unis). → **voir p. 38**
- **Sexisme** : voir comportement de ceux qui considèrent que les femmes sont inférieures aux hommes. → **voir p. 42, 46**
- **Solidarité nationale** : mesures de l'État, auxquelles chacun contribue selon ses moyens, pour lutter contre les inégalités et assurer une plus grande cohésion sociale. → **voir p. 29**
- **Stupéfiant** : substance dangereuse dont l'action modifie la manière de percevoir les choses, de ressentir les émotions, de penser et de se comporter. À la longue, elle provoque une addiction. → **voir p. 16, 22**

T

- **Tolérance** : attitude qui consiste à admettre chez autrui ses manières de penser ou d'agir, bien que différentes de celles qu'on adopte soi-même. → **voir p. 14, 30**
- **Transgenre** : personne dont le sentiment d'être une femme ou un homme est distinct du sexe biologique établi à sa naissance. → **voir p. 44**

Les Valeurs de la République

▶ Respect
Chacun doit estimer l'autre car il est son égal. Respecter, c'est reconnaître que les autres sont différents de soi, et avoir une attitude de bienveillance les uns envers les autres. → **voir p. 14**

▶ Dignité
Tout être humain est unique et estimable : c'est sa dignité. Il doit la respecter pour lui-même : c'est l'estime de soi. Et chacun doit respecter la dignité des autres. → **voir p. 22**

▶ Fraternité
Elle se manifeste par l'entraide et l'engagement, conformément à l'article 1er de Déclaration universelle des droits de l'homme (1948) : « Tous les êtres humains naissent libres et égaux [...] ils doivent agir les uns envers les autres dans un esprit de fraternité ». → **voir p. 30, 34, 37**

▶ Égalité
L'article 1er de la Déclaration des droits de l'homme et du citoyen (1789) proclame : « Les êtres humains naissent et demeurent libres et égaux en droits ». C'est pourquoi les discriminations sont punies par la loi. → **voir p. 46**

▶ Engagement
Acte par lequel une personne décide d'agir pour bien vivre ensemble, dans un esprit d'entraide qui s'appelle fraternité, solidarité. → **voir p. 60**

▶ Solidarité
Action d'entraide qui a pour objectifs le respect des autres et la réduction des inégalités entre les êtres humains. → **voir p. 12, 30, 34, 70**

Crédits

Groupe d'élèves, garçons et filles, manipulant des maquettes d'éoliennes dans une salle de classe.

Campagne « Mets tes baskets et bats la maladie » organisée par l'association ELA au collège Elsa-Triolet, Varennes-sur-Seine (77).

Une enfant illustre une leçon sur la laïcité.

Couverture : gauche ANDIA/Mint images, en haut à droite ELA/Collège Elsa Triolet, Varennes-sur-Seine (77), bas REA/Haytam/Pierre Vassal ; rabat https://www.un.org/sustainabledevelopment

5, 18 MAXPPP/L'Alsace/Jean-Marc Loos ;**8** REA/Sébastien Ortola ; **9 g** ADOBE STOCK PHOTO/Catherine Clavery ; **9** d WIKIMEDIA Commons/MathieuMD ; **9 m** ADOBE STOCK PHOTO/FreeProd ; **10** Hoptoys.fr ; **12 bas g** Collège Bellevue, Toulouse ; **12 ht d** Coproduction Milan Presse et France Télévisions. Scénario de Marie Revillon, dessins Jacques Azam, Saison 1 JQ157 ; **16 g** BAYARD Média Développement ; **16 ht d** © Cuvier Productions/France 3 - 2008 ; **17 m** d Santé publique France ; **20 ht** © Collège Léo Testut, Beaumontois en Périgord/Réalisation Pierre Boucher ; **20** bas g Ministère de l'Éducation nationale, de la Jeunesse et des Sports ; **26 ht g** BIS / Ph. Jeanbor © Archives Larbor ; **26 bas** © CNAM ; **26 m** CNDP/Musée national de l'Éducation ; **26 ht d** BIS / © Archives Nathan ; **26 ht m** AKG-Images/Erich Lessing ; **30 g** Croix-Rouge Française/Photo Laurie Goret ; **30 d** ELA Association ; **32 ht g** ADOBE STOCK PHOTO/Pixel-Shot ; **32** bas d ADOBE STOCK PHOTO/ververidis ; **32 bas g** ADOBE STOCK PHOTO/ mezzotint_fotolia ; **32 ht d** REA/Gilles Rolle ; **36 ht** © Association Themis ; **36 bas** © Défenseur des Droits ; **38 ht** Droits Réservés ; **38 bas** BRIDGEMAN IMAGES/CSU/Everett ; **39 ht d** Archives familiales/DR ; **39 ht g** WIKIMEDIA Commons/Andrew J. Kurbiko ; **39 bas** REA/Laurent Cerino ; **40 ht** AFP/Nicolas Derne ; **40 bas** AFP/Hans Lucas/Laure Boyer ; **42** Centre Hubertine Auclert ; **44 ht** Ministère de l'Éducation nationale, de la Jeunesse et des Sports ; **44 bas** Ministère de l'Éducation nationale, de la Jeunesse et des Sports ; **45** © SOS homophobie ; **47 ht** Défenseur des Droits ; **52 g** © Protection Civile - Loire-Atlantique ; **52 bas** © SDIS 59 ; **52 ht d** © Ministère de la Transition écologique et solidaire/DICOM ; **56** MAXPPP/Photo PQR/Ouest France/Stephane Geufroi ; **57** © Ville de Redon ; **58** Ministère des Solidarités et de la Santé ; **61 g** ISTOCK/Dauf ; **61 bas** Ministère de l'Intérieur ; **61 bas d** Licence Creative Commons/Rama ; **61 bas m** SDIS 06/Photo Frédéric Castagnola ; **61 bas g** SHUTTERSTOCK/Jose Hernandez ; **61 ht d** SHUTTERSTOCK/Oleg Anisimov ; **61 ht m** ISTOCK/Firn ; **62** © Cerema ; **64 bas** © Cité de l'Espace et Météo France ; **67 ht** https://www.un.org/sustainabledevelopment ; **71** © Lycée Descartes, Cournon-d›Auvergne (63) ; **72** LE MONDE ; **74** franceinfo.fr ; **76 ht** Collège Fernand Léger, Vierzon ; **76** bas Ministère de l'Éducation nationale, de la Jeunesse et des Sports.

Édition : Juliette Sauty
Direction éditoriale : Carole Greffrath
Responsable artistique : Pierre-Yves Skrzypczak
Conception graphique (couverture et intérieur) : Clémentine Largant
Mise en pages : Laure Gros, Anne-Danielle Naname
Iconographie : Maryse Hubert
Dessins (p. 28, 35) : Sylvère Join
Schémas et graphiques : Renaud Scapin
Fabrication : Kévin Magar
Photogravure : IGS
Relecture : Sarah Billecocq

FSC
www.fsc.org
MIXTE
Papier issu de sources responsables
FSC® C022030

Nathan est un éditeur qui s'engage pour la préservation de son environnement et qui utilise du papier composé de fibres naturelles, renouvelables, fabriquées à partir de bois provenant de forêts gérées de manière responsable et contrôlée.

Code projet : 10277031
Dépôt légal : Avril 2021
Achevé d'imprimer en Juillet 2021 par Rotolito S.p.A. Italie